股权激励
从入门到精通

如何把员工变成合伙人的实战操作全方案

张哲鸣◎著

中国商业出版社

图书在版编目（CIP）数据

股权激励从入门到精通 / 张哲鸣著. -- 北京：中国商业出版社, 2019.10
ISBN 978-7-5208-0926-9

Ⅰ.①股… Ⅱ.①张… Ⅲ.①股权激励－基本知识 Ⅳ.①F272.923

中国版本图书馆 CIP 数据核字(2019)第 222743 号

责任编辑：刘万庆

中国商业出版社出版发行
010-63180647　www.c-cbook.com
（100053　北京广安门内报国寺 1 号）
新华书店经销
三河市长城印刷有限公司印刷

*

710 毫米×1000 毫米　16 开　11.5 印张　150 千字
2019 年 11 月第 1 版　2019 年 11 月第 1 次印刷
定价：48.00 元

****

（如有印装质量问题可更换）

前言

股权设计就是公司组织的顶层设计。

随着企业的发展，必然有资金的进出，而在资金的流动过程中，多半都会在分配上产生种种利益冲突。同时，隐名股东、干股等特殊股权的存在，也加剧了公司运作的风险。这时候，维护股东自身利益的依据就是股权比例和股东权利。

中小企业在实际经营中，若忽视股权比例和股东权利的调整，就会在公司内部矛盾中陷入进退两难的境地。而这种局面也会将公司推向风险损失的边缘。从这个意义上来说，合理的股权结构是公司稳定的基石。

现实中，很多企业家都在苦苦思索：什么样的企业形式是最好的？答案就是合作型的企业。如今的企业运作已经完全不同以往，企业和员工的关系需要逐渐发展成合作关系，而这种合作关系的一大表现就是股权的设定和执行。

事实上，人们对于跟自己利益不相关的事情，一般不会投入太多的时间和精力，其积极性也不高，可是一旦某件事跟自己的利益挂钩，个人的

积极性就会被激发出来。因此,合理分配股权也就成了调动员工积极性的一种有效方式。

在企业初创期,企业创始人的作用会大一些,一旦企业发展到一定程度,就需要多方人士的合作和努力了。这时候,要想调动核心人员的主动性、吸引多方面人才,就要实行股权激励政策了。

实行股权激励政策,不能随意而为,而应该根据实况,综合考虑多方面因素而定,具体包括如何进行股权设计、如何发放股权等。而针对这些问题,书中却给出了答案。

为了给各中小企业带来帮助,笔者在服务客户多年的工作经验中收集了众多材料,取其精华,经过认真分析和概括,编撰成书。此书从股权的布局与设计、股权激励和股权融资三方面入手,提纲挈领,突出要点,给读者以启示。

张哲鸣

2019.1.1于河南

目录

第一部分 股权布局与设计 // 1

神秘的股权 // 2

  究竟什么是股权 // 2

  股东的权利及义务 // 8

  股权的作用和意义 // 13

  为何要进行股权设计 // 15

  股权设计的主体思路 // 18

  股权的路线图 // 19

股权布局 // 21

  战略设计 // 21

  法律风险 // 23

  税务策划 // 29

股权设计 // 32

  资金驱动型企业 // 32

  资源驱动型企业 // 35

  人力资本驱动型企业 // 37

股权治理 // 39

  控制权维度 // 39

  持股形式维度 // 40

股权设计的基本原则 // 47

  股权结构一定要干净 // 47

  利益优先，感情第二 // 47

  团队里一定要有真正的领导者 // 50

  动态的股权设计规则 // 51

  重视使命、愿景、价值观对股权的影响 // 52

避免股权设计常见误区 // 57

  提供资源占股，甚至占很大的股份 // 57

  按出资额占股 // 61

  创业孵化平台模式利弊 // 62

  股权均分 // 63

  兼职创业占股 // 65

第二部分　股权激励 // 69

股权激励定义及特点 // 70

什么是股权激励 // 70

股权激励的作用有哪些 // 72

股权激励的基本原理 // 74

股权激励的基本原则 // 75

股权激励（一）：定目的 // 78

激励员工，利益捆绑 // 78

提升业绩，约束人员 // 79

降低成本，分散风险 // 80

稳定员工队伍，留住优秀人才 // 82

股权激励（二）：定对象 // 84

确定对象 // 84

股权激励对象确定需要遵照的原则 // 88

股权激励（三）：定模式 // 90

激励和奖励的区别 // 90

激励方法 // 92

股权激励的三大类型 // 95

股权激励（四）：定价格 // 101

股权定价三大策略 // 101

人在哪儿，心未必在哪儿 // 103

钱在哪儿，心一定在哪儿 // 106

确定股权激励定价主体 // 108

　　股权激励的定价方法 // 109

　　股权激励怎么定价合理 // 111

股权激励（五）：定量 // 115

　　合理设定股权激励总量 // 115

　　恰当分配股权激励个量 // 117

股权激励（六）：定机制 // 120

　　进入机制 // 120

　　考核机制 // 122

　　约束机制 // 123

　　退出机制 // 123

　　回购机制 // 126

股权激励（七）：落地 // 129

　　选择专业人士进行初步诊断 // 129

　　尽职调查摸清家底 // 130

　　设计股权激励方案 // 131

　　设计配套制度及协议 // 133

　　严格履行法定程序 // 134

　　股权激励方案的实施 // 135

　　股权五步连环激励法 // 135

第三部分　股权融资 // 139

股权融资的方法 // 140

什么是股权融资 // 140

债券与股权的区别 // 143

股权融资的原则 // 146

股权融资的方法 // 147

股权融资的顺序 // 151

股权融资和股权转让的区别 // 153

股权融资的原则 // 156

融资结构要合理 // 156

估值要准确 // 157

融资规模量力而行 // 159

将融资成本控制在最低 // 160

企业要掌握控制权 // 161

选择最适合的融资方式 // 163

选择合适的融资渠道 // 164

不同阶段的股权融资重点 // 168

初创期：创始人掌握绝对控制权 // 168

发展期：两权分离 // 169

扩张期：完善治理结构 // 170

成熟期：强化寡头地位 // 171

第一部分
股权布局与设计

神秘的股权

究竟什么是股权

2017年胡润研究院发布了《胡润百富榜2017》。马云虽然以2000亿元的财富屈居第三,但整个阿里系却有43位股东上榜,比2016年新增了25人,约50人身价超过20亿元。这一点,在全球多家企业中从无先例。那么,究竟是何种机制让阿里在成就自己的同时也成就了员工?

时势造英雄,在阿里不断壮大的背后,是飞速发展的互联网时代。正如马云的成功离不开一直默默支持他的"十八罗汉",阿里的成功同样离不开优秀的人才激励机制——阿里的股权激励成就了大批千万富豪。

阿里巴巴上市后,员工分享了其400多亿美元的巨额财富,诞生了大量的千万富豪。这一结果出人意料,但在我们探究阿里成功之路的时候就会发现,是阿里在创立之初实行的股权激励制度让阿里大部分人受益。

为了建立长效激励制度,阿里巴巴很早就设立了股权激励制度,授予员工及管理层股权报酬,包括受限制股份单位计划、购股权计划和股份奖励计划等。员工每年至少可以得到一份受限制股份单位奖励，每份奖励的具体数量会因员工职位、贡献的不同而存在差异。

在阿里的发展过程中，股权激励确实发挥了重要作用，股权激励的作用由此可见一斑。可是，说到股权激励，首先我们要弄清楚什么是股权。股权就是股东的权利，有广义和狭义之分。广义的股权，泛指股东能够向公司主张的各种权利；狭义的股权，则仅指股东基于股东资格而享有从公司获得经济利益，以及参与公司经营管理的权利。综合来讲，股权就是投资者由于向合伙人和企业投资而享有的权利。

从本质上来说，股权是由一系列的经济权和政治权组成的。经济权包括分红权、股份转让权、优先认购权和剩余资产分配权。政治权包括表决权、知情权、选举管理权和公司经营建议权或质询权。要想了解股权，就要关注下面几方面的内容。

一、关于股权概念的不同观点

关于股权概念的解释，理论界主要存在以下四种代表性观点。

1. 所有制说

所有制说是我国特定经济阶段的产物，在特定经济体制下形成。这一观点众说纷纭，主要学说有所有权经营权学说、双重性学说、共有性学说、社员权学说等。

（1）所有权经营权学说。该学说认为，股东对公司享有所有权和经营权。即所有者拥有企业的核心权力，在企业处于垄断地位。此股权理论的中心出发点是国家本位主义(即政府本位)，以国家所有权和法人所

有权进行区分,而不是个体本位法。后来此理论弊端逐渐显露,已无法适应社会主义市场经济的发展要求,随着社会发展逐步被淘汰,于是便有了经营权和所有权相分离的"两权分离理论"。

(2)双重性学说。该学说认为,公司和股东都有所有权,在市场经济环境下,公司之所以能够保持长远发展,主要原因在于所有权的双重性结构。其理论结构就是,股东凭借其所有权促使自益权和公益权发展,公司凭借其所有权依法进入民事流通渠道,享有民事权利,履行民事义务。这一理论违背了大陆法系的物权法中"一物一权"的基本原则。

(3)共有性学说。该学说认为,公司的全部财产仅归法人所有,所有权人由公司和股东共同组成,所有权由公司和股东共同行使。这种理论观点混淆了所有权权属,阻碍了公司行使民事权利、履行民事义务,违反了"法人是以其财产独立享有民事权利承担民事义务的组织"的概念定位。

(4)社员权学说。该学说认为,股东基于其营利性的出资团体社员的身份而享有权利,属于社员权的范畴,股权是综合性权利,既能享有股息分红,公司解散时还能获得剩余财产;同时,还享有非财产性的表决权等权利,性质上都具有社员权利。该学说是大陆法系对股权性质的通说,但实际上社员权的很多内容都跟公司制度不相符。

2. 债权学说

该学说认为,自公司法人资格获得之日起,股东对公司的权利仅是收益权,即按时获得股息和红利,使股东所有权向公司债权转化,公司是所有权的唯一主体,完全能够按照自己的意志占有、使用、收益、处分公司财产，不受股东的左右和控制。而股东只会关心能否拿到股息和红利，无意参与公司的经营管理和决策。

随着公司所有权与经营管理权的分离，股权逐渐演变成了纯粹反映债权的关系，股票成为债的凭证。从发展趋势来说，股票和债券的区别也越来越小，股东收益权完全可以成为一种债的请求权。从这层意义上说，股权还具备某些请求权特征，但请求权并非债权所独有，还存在于物权之上。

该学说不仅与《公司法》规定的股东对公司经营管理的参与和制约相矛盾，还无法解释为何股东大会是公司的最高权力机关，尤其是大股东对公司的控制和制约。

3. 股东地位学说

该学说认为，股权并不是物权、债权、专项权，而是股东投资所获得的多种权利和义务的集合，不能用单一的权利来说明股东因认购股份而产生的股权，而股份表现的是股东的法律地位，该地位直接决定着股东与公司之间的关系，因此股东股权实际上也代表了股东地位。

股东地位学说由日本学者提出，其认为现代社会是权利本位的社会，权利运行和转化体现在社会各方面。在公司制度上，投资者的投资会让原先的财产权利转化为股权，原来的财产权利不复存在，投资者享有新产生的股权，成为公司股东；股东地位是基于股权的产生而形成的，股权决定了股东地位，股东地位反映了股东享有的股权。

4.股东独立权利学说

该学说认为，股权就是《公司法》所规定的、股东因直接投资创办公司而享有的一种独立权利，由出资的财产所有权转化而来，符合权利法定原则。但该学说强调法定权利，却忽略了股东出资自由权。

二、股权的概念浅析

依据中外学者对股权认定的各种观点及分析，结合现在股权客观规定，上述提到的各种观点均有其时代的局限性，股权的内容绝不能仅从所有制、债权、社员权角度等来说明，可以试从以下几个角度对股权概念做一剖析。

1.股权是一种法律规定和确定的权利

我国《公司法》第4条规定：公司股东作为出资者按投入公司的资本额享有所有者的资产受益、重大决策和选择管理者等权利。公司享有由股东投资形成的全部法人财产权，依法享有民事权利，承担民事责任。公司中的国有资产所有权属于国家。

股权是股东作为出资的财产权，出资前由股东个人所有，未出资前个人享有绝对意义上的自由支配权，一旦投资于公司就会成为该公司股东，受公司章程约束，享有公司章程规定的权利，同时履行公司章程规定的义务。因此笔者认为，股权是所有权范畴，受民法和公司法调整；但股权不等于财产权，其不能脱离财产权而存在，两者具有不可分割性。

2.股权是一种财产性质的权利

财产权是一种从属于所有权的物质权利，以财产（金钱、财物等物质）

为标的，以经济利益为内容。所有权具有对象属性，成为股权的财产只有被具体主体所有，才能成为股权。

在我国特定时期，股权是所有权和经营权的集合，不能反映当今市场经济条件下股权所体现的内在含义。

首先，在社会主义市场经济体制下，财产所有权的主体与过去相比，已经发生了巨大变化。过去，财产主体主要表现为国家和集体所有，私有制属于社会主义经济体制的补充形式；现阶段经济主体呈现多元化，包括国家、集体、个人等，股权的主体属性多元化。

其次，在社会主义市场经济充分发展的今天，公司经营职权制度化、法规化，不再是所有权和经营权混淆不清、职责不明，股权内在属性也出现了具体化的变革。

最后，投资入股的主要目的是实现财产的利益性。财产利益性表现为财富的增值和扩大，即股东对财产利益化的最大追求，到财产所有者手中称为收益权。相反，如果投资入股不是为了增值和收益，股东也不会冒险投资。

由此可见，股权最大的本质是财产利益追求。股权具有财产权，且是其本质属性，这是个人将财产作为投资以获取资本收益的目的所在。

三、股权最核心的三大收益

股权最核心的权益表现在以下三个方面。

1. 分红性收益

股权和第一个收益叫"分红性收益"。"分红性收益"简单来说，就是

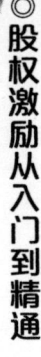

股东在企业中占多少股份，每年能分多少钱，赚多少利润。

2. 增值收益

做股权，第一是为了分红，第二是为了增值溢价。

3. 股权的附加价值

分红和增值只代表利益，企业可以获得利益，也可以获得权利。

这就是股权的三项收益：分红、增值溢价和附加价值。

股东的权利及义务

一、公司的责任

1. 公司分类

"天下兴亡，匹夫有责"，公司一共分两种形式。

第一，从责任角度来说，公司分为有限责任公司和无限责任公司。有限责任公司，股东以注册资本为限，对公司承担有限责任。无限责任公司，股东对公司承担无限连带责任。二者各有利弊，无限责任并不是不好，即使是有限责任公司，不小心也会发生公私不分的情况，变成无限责任；注册资本金额过大，还会变成无限责任；公司贷款后，个人进行反担保，也会变成无限责任。所以，注册资本要小一些。

第二，个人不要给公司担保。个人是无限责任，有限责任的股东以其出资为限，对公司的债务承担责任。

2. 优点和缺点

有限责任公司的优点主要体现在哪里？所有的上市公司都必须是有

限责任公司，且还是股份制。所以，有限责任公司风险小，可上市，可贷款，可投标，可做大，适合做大。无限责任公司有什么优点？没有企业所得税。国内企业，有限责任公司的企业所得税是25%，无限责任公司不用交企业所得税。交完个人所得税后，钱就可以转入个人账户，这也是无限责任公司最大的好处。

无限责任公司都有什么类型？其中之一就是，个人也是无限公司，即使个人持股，也是无限责任。个人独资企业、合伙企业、个体工商户，都是无限责任公司，里边有个常用的概念叫"合伙企业"。多数投资者投资的都是合伙企业，只有股，没有权，可以省掉企业所得税，这是无限责任公司的优点。

无限责任公司有什么缺点？第一，不能做大，不能上市，不能投标，也不能贷款。第二，只能起名为"某某厂、某某店、某某中心、某某所和某某工作室"，不能称为"某某公司"。

3. 关于法人

何为法人？何为法定代表人？何为法人代表？法人，不是一个自然人，而是一个企业的整体称谓。法定代表人是代表法人行使民事权利，履行民事义务的主要负责人。法人代表指，企业的法定代表人无法履行某项需要法定代表人亲自履行的事务时，法定代表人委托某人作为自己的代表人，由代表人代为办理某项事务。

法定代表人和实际控制人有什么区别？法定代表人是依法律或企业章程规定代表法人行使职权的负责人，法定代表人属于雇员范畴。实际控制

人,有可能是公司的股东、董事长、总经理、法定代表人等,也有可能不是,即便不是,但是通过投资关系、协议或者其他安排,能够实际支配公司行为的人也视为实际控制人。

4. 股份制公司和有限公司的区别

一般情况下,不要随便注册股份制公司,因为股份制公司非常复杂,远没有有限责任公司好管控。二者的区别主要体现在:第一,股东人数,注册资本;第二,董事会,有限责任公司可以没有董事,只要有执行董事即可,股份制公司必须有董事会;第三,表决机制,公司要占据出席股东人数的二分之一和三分之二。

二、股权的九条红线

股权有九条红线,具体是指哪九条红线呢?

第一条红线,完全控股权,即重大事项必须经过公司内三分之二以上有表决权的股东通过。什么叫"重大事项"?要按照《公司章程》的具体规定来确定。对于甲公司来说,投资3万元就是重大事项;对于乙公司来说,投资3万元可能就是小事,这主要取决于《公司章程》的规定。要想掌握控股权,就要经过公司三分之二以上的股东通过,这"三分之二"由《公司法》规定。当然,《公司章程》也能这样规定:公司重大事项必须经过80%以上有表决权的股东通过。如此,未来进行表决的时候,究竟是按照80%以上,还是三分之二以上?《公司法》不会强制规定,只要《公司章程》做了规定,就以《公司章程》为准。

第二条红线,相对控股权。一般事项需要经由公司一半以上的股东通过。

第三条红线，"67""34"分界线。任何事物都遵守"道"。一阴一阳谓之"道"，任何事物都有两面性，有"阴"的，就有"阳"的；有"阳"的，就有"阴"的。有得就会有失，有失就会有得，任何东西都是阴阳平衡。所以，"67"代表从正面控制，想做什么就做什么；"34"代表从反面控制，即我不想让你做什么。

第四条红线，30%邀约收购线。

第五条红线，界定同行竞争权。在公司持有20%以上股权，不能参与投资，不能做与之类似的事情，就叫"同业竞争"；如果在公司持有19.9%的股权，也有资格参与投资，还能做与之类似的和关联产业。

第六条红线，10%申请解散公司。公司连续5年盈利且连续5年没给股东分红，10%以上的股东就有资格申请解散公司。

第七条红线，5%重大股权变动。企业要启动上市计划，有5%以上股权变动，就无法上市。

第八条红线，临时提案权和1%代表诉讼权。不同的企业时间阶段，适合不同的股权权限，建议：创业期大股东持股67%以上，发展期大股东持股51%以上，成熟期大股东持股34%以上。

第九条红线，控股。是指通过持有某一公司一定数量的股份，而对该公司进行控制的公司。控股公司按控股方式，分为纯粹控股公司和混合控股公司。在实践中，一般某一公司持有股份达到50%以上或足以控制该股

份公司的经营活动。

三、股东的权利

"股权"两个字,一个代表"股",一个代表"权"。什么叫分股?"股"代表股份,代表分钱;"权"代表权利,代表分权。股东都有哪些权利?

第一个是表决权。开股东会,有多少投票权?比如,任正非在其公司内享有的股权是1.4%,但权利最大。因为他将股份分给员工,但没分权,所以他的权利依然是最大的。

第二个是分红权。在职岗位的员工,可以享受分红股,简称"干股"。但这些人只有分红的权利,没有其他权利。

第三个是溢价权。溢价权叫期权。很多互联网公司做股权改革,做的都是溢价权。什么叫溢价权?今天股票是1元,10年后股票涨到40元,翻了40倍,多出来的部分就是溢价。股东拥有享受溢价的权利。

第四个是期权。盈利不好、亏损的公司以及未来比较有发展前景的公司,适合用期权来激励。公司有利润,资产比较大,分给员工,就是分红股。另外,即使员工获得股权,依然有个锁定期,时间一般是3年。上市后,如果股权几年都卖不掉,就不能卖了,股权会限制,叫限制性股权。上市公司每年只允许套现25%,剩下的部分,第一年是无法套现的,更不允许交易和转让。

第五个是经营权。做众筹或投资,首先都要明确:有没有参与企业经营的权利?

第六个是继承权。股权能否让孩子和家人继承？这个一定要提前做好规定。在继承机制方面，李嘉诚做得就比较好。他的孩子之所以不会争夺财产，是因为事先设定了传承机制：只传大儿子，不传二儿子，二儿子选择自己单干。

第七个是知情权。企业的利润、净利润等实际经营情况，股东都享有知情权，企业的经营情况属于商业机密的范畴。但是通过股权架构，可以将知情权进行分级。

第八个是所有权。什么叫所有权？就是拥有以上所有的权利，简称为所有权。

当然，除了上面的这些权利，股东还享有其他权利，比如，选举权、被选举权、担保权和出资权，这里不再分开解释。

股权的作用和意义

股权是企业的根，一个是股，一个是权，一个是利，一个是名。

举几个例子：创维老板黄宏生挪用公款，元老最终将他送进了监狱；黄光裕挪用公司的钱，被送进监狱；蔡达标挪用公司的钱，被送进监狱；2017年年底，雷士照明的吴长江，挪用公司公款，最终被送进监狱……这些人之所以最终都被送进了监狱，都是因为挪用了公司公款。而将他们诉诸法庭的都是熟人。

企业有三种产品：第一，产品本身；第二，股权；第三，现金流。产品和股权比起来，卖产品是赚利润，卖股权是值钱。所以，企业不仅要卖

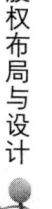

好产品,还要卖好股权。有了股权,就能买房子、车子、资产等;就可以融资、投资、吸引人才……只有股权才能真正帮个人实现财富自由,个人所有想要的,都可以通过股权来实现。

一、股权市场的三个真相

股权市场的三大核心真相是:

1. 股权是核心资产

该资产有一个特质叫"无边无界"。什么叫"无边无界"?举例,中国有很多首富都身价几千亿美元,其实他们资产的99%都是股权,绝不是现金,而是他们手中的股权值这么多钱。小米上市,雷军身价瞬间提高到150亿美元,主要就在于他手中掌握的股票值这么多钱。所以,股权是企业的核心资产。

2. 股权是公司政权

如果说人的身体健康是1,车子、房子、票子就是0。而对于公司股权来说,权利是1,其他都是0,失去了权利,也就失去了一切。

3. 股权是企业的组织力量

股权能对掌握资源的人、拥有智慧和资金的人产生激励作用,助推企业发展,继而产生裂变。

二、股权激励的作用

股权激励对企业来说,有以下几个作用:

1. 有利于吸引人才、留住人才

实施股权激励机制,首先,可以使员工因企业成长而得到额外收益,增加他们的归属感与忠诚度；其次，良好的企业效益与股权激励制度，还能吸引外部人才向企业流动，有利于留住人才。

2. 有助于维持企业的发展

实施股权激励，可以将企业利益和个人利益捆绑在一起，通过对员工进行长期、逐步的考核，客观上能弱化员工的短期行为，有助于维持企业的长期战略和稳定发展。

3. 有助于提高团队的凝聚力

实施股权激励，使员工获得期权，成为小股东后的员工就会主动关心企业的经营发展，自觉舍弃损害企业利益的不良行为，同时也激发员工的工作积极性。

4. 有助于降低企业人力成本

在企业发展中，人力成本是一项较大的开支，以至于让一些中小企业觉得员工"贵得用不起"。实施股权激励机制，用股权代替部分固定薪酬，就能降低企业的人力薪酬成本。

为何要进行股权设计

一、协议控制

什么叫"协议控制"？其本质是境内主体实现在境外上市的一种方式。指境外上市实体与境内运营实体相分离，境外上市实体在境内设立全资子公司，通过协议的方式控制境内运营实体的业务和财务，使该运营实体成为上市实体的可变利益实体。

先来看这样一组数据：在世界银行，美国拥有15.85%的股权，日本占6.84%，加在一起是22.69%，代表一票否决权，需要两个国家必须同意。中国、德国、法国和英国等，如果想做什么，必须经由美国和日本同意，否则什么事情都做不了。

而中国组织成立亚投行，亚洲国家占75%的股权，美国、德国、法国、英国加一起，只有25%的股权。这75%如何分？按GDP总量来计算。GDP多大，股权就有多大。如此，即使亚洲所有国家加在一起乘以2，也不是中国的对手，所以在亚投行，中国的话语权最大。

协议控制的核心点是法律主体和实际主体之间的"协议控制"。而在这个协议背后一般都会签署一系列的协议文件，这些协议文件下隐藏的风险和可能性难以预计。

二、双重股权架构

双重股权架构，最常用于国外的上市公司和互联网公司。股份化为高低双重投票权，高投票权的股票就拥有更多的决策权。在京东，刘强东的股权为18.8%，老虎基金为18.1%，腾讯为18%。红杉把投票权委托给刘强东代为行使，刘强东一个人就拥有20票投票权，其他股权只有投票权，这就是双重股权。

中国资本市场不支持双重股权，只有美国支持同股不同权。比如，目前小米是中国资本市场中唯一一家同股不同权的公司，雷军占股30.3%，但上市以后，他的股权占到52%，这52%就是相对控股权。很多中国互联网公司之所以要跑到美国上市，主要就是为了获得权利。如果在中国上市，就没有权利，因为他们的股份占比很少。

香港资本市场渐渐开放，资本市场讲究注册制，只要满足条件，都可以上市；而中国A股市场上市，采用的是审批制。只要证监会不批准，公司就无法上市。在中国资本市场，有家公司上市最快，审批时间为33天，它就是富士康。而河南企业白象，嚷嚷上市了10年都没成功，条件都具备，硬件都符合，就是不审批。

三、同股同权

什么叫同股同权？简而言之就是，在一家公司，有多少股，就有多少权，比如：在A公司拥有51%的股，就有51%的权。仔细研究国美黄光裕、陈晓的股权之争，就会发现背后的运作原理。首先，黄光裕占股33.98%，陈晓占股1.47%。陈晓是永乐电器的老板，后来国美电器收购了永乐电器。黄光裕入狱后，陈晓执掌董事会，实行控制权。如果这一切都没有发生，稍微布局一下股权架构，就不会出现后面的被动局面了。比如，黄光裕在国美电器之外成立一家公司（A公司），A公司持有国美电器10%的股份，这10%的股份有两个来源：一是陈晓的1.47%，二是从黄光裕的33.98%中抽取8.53%，共同构建10%的股份。这10%的股份在A公司就是他们两个人持有的，比如黄光裕的化身持有85.3%，陈晓的化身持有14.7%，这两部分股份的总和是100%。假如是这样的股权布局，那么陈晓就无法召集股东投他的票。如此，即使黄光裕进了监狱，陈晓依然没有反攻的权利。

四、股权的持股关系类型

1. 持下不持上

什么叫"持下不持上"？全部创始人在上边持股，未来进入公司的高

级人才和投资者都在下边持股。这种股权持股关系就叫"持下不持上"。

2. 持上不持下

华为所有的在职员工共有 18 万名,其中在总部持股的员工共有 8 万名。这就是典型的持上不持下。

3. 既持上又持下

典型的企业就是阿里巴巴。没有对错问题,有关就持股,无关就不持股,在哪里有关系就在哪里持股。这是股权关系的选择。

股权设计的主体思路

股权架构设计的主体思路是首先要确定主体公司,能在下边持股的,绝不能在上边持股。确定了主体公司后,就要明白是用分公司,还是用子公司?如果是用子公司,控股 67%、51% 和 34%,会产生不同的作用;如果是分公司,就不用管这些问题了。如果在店里,就在店里进行持股;如果在省里,就在省里进行持股,先从下边开始。记住,员工能在下边做股权改革,就不要让他们去上边,因为越到上边越复杂。

做完股权改革,如果召开的股东会太多,就会遇到股东的治理问题。治理中出现的第一个公司叫控股公司,控股公司的一大作用就是实现企业的控制权。第二大作用是实现家族化的传承。什么叫家族化传承?举个例子,甲占 60% 的股份,乙占 40% 的股份二者全都用个人名义持股。甲有 60% 的股权,有两个孩子,他的股权就会变成 30%。再生孩子,股权就会变成 15%、15%、15%、15%,7.5%、7.5%、7.5%……这时候,大股东就使占有 40% 股权的乙方做企业股东，而不是传承后的甲家，因为甲家此时只有 7.5% 的股份，所以叫小股东。甲把所有的家人都装在一个公司里，未来就会有很多的"7.5%"，只要成立一家公司，就能持公司 60% 的股权，因此，无论你有多少股份，都要在控股公司里持股。第三大作用是实现企业的多元化发展。什么叫"多元化发展"？企业赚到钱后，如果想做房地产，一般情况下，都会用控股公司去做房地产。

股权的路线图

股权从诞生到死亡，要沿着标准的路线图：首先拿到营业执照、注册公司，然后引进资金、资源和有资源的人。在将天使投资吸引来后，企业要想发展，还需要更多的资金，就得引入风险投资。引入风险投资后，还需要融资，然后上市。上市之后，股民买得多，股票就涨；没人买，股票就跌。最后实在没人买，就退市，ST 套牢。这就是股权的路线图。

在股权的演变过程中，创始团队的风险最大。因为投资损失最多的是钱，创始团队损失最多的则是时间，而时间最宝贵。花费 20 年时间，什么都没做成，损失是无法估量的。

股权路线图演绎的其实就是资本玩法。举个例子：

慧憬股权诞生后，我个人占股 100%。为了让股权价值最大化，我们进行了第一轮融资 100 万元，占 10% 的股份。如此，怎么赚钱？用分红，还是增值？举例来说，100 万元，占 10% 的股份，要想收回成本，必须在三个月的时间里赚 1000 万元。但要想做到这一点，确实很难，而且还要

交税。其实,这时完全可以进行下一轮融资。

第二轮融资1000万元,占10%。举例,投资人投资的时候,100万元占10%,代表股价是10万元占1%;投进1000万元,占10%,代表100万元占1%,也就是说,在投资人投资的时候,股权已经增值了10倍。也就意味着,这时只要把股权卖掉一部分,100万元的本金就收回了。所以只要有下一个人进来,上一个人就能离开,这就叫股权的增值和溢价。

如果希望投资人投资1000万元持有企业10%的股份,企业应该价值1亿元。如果希望投资人投资1亿元持有企业10%的股份,企业应该价值100亿元。这样体量的企业最终应通过上市方式获得投资。上市公司的股份按照股本来划分,上市公司的股份可以在二级市场上对外出售,无人数限制,即假设总股本为100亿元,每股1元钱,人数庞大的股民每人购入100股,数量相加也会形成非常庞大的体量。在股民的投资款进入后,原始投资人投入的1000万元就可以根据国家法律允许的方式收回了,并且在收回时,原始投资人还可以享受每股的增值溢价。

无论企业采用哪种方式融资,降低融资风险都是企业家应该考虑的关键因素,把融资步骤进行拆分,把融资金额对更多的投资人分解,可以降低融资风险。最终,企业带领所有投资人上市后,享受资本市场为企业带来的远超企业经营收入的价值红利。

这就是股权的资本路线图。用资本演绎的规则概括起来就是四个字——击鼓传花。

股权布局

战略设计

首先看个案例：

一家生产和销售奶瓶的公司在发展过程中遇到了瓶颈，为了解决问题，聘请了一位管理顾问。

双方寒暄几句后，管理顾问问公司总裁："贵公司是做什么的？"

总裁不以为意地回答："做瓶子的。"

为了加深管理顾问对公司的印象，总裁带着他在工厂转了几圈，参观了整个生产流程。

回到办公室后，管理顾问又问："贵公司是做什么的？"

看到对方提出同样的问题，总裁有些不高兴，仍说："我们是做瓶子的。"

管理顾问却说："你们不是在生产瓶子，而是在做包装。"

听了管理顾问的话，总裁像触电一样："大师！我一定要付你两倍的报

酬,公司成立了10年,我居然还不知道自己是做包装的!"

参考管理顾问的建议,公司开始重新定义自己和市场。之后通过不懈的努力,产量大幅上升,最后终于发展成为全球最大、最具前瞻性的包装企业——TETRA PAK(利乐包装)。

从这个案例可以看出,要想设计成功的商业模式,最核心的问题就是:明白自己是以何种方式、为哪些客户提供什么样的产品。

1. 知道"我"是谁

首先,要明确企业的核心价值观、使命、社会责任等。比如,"我想做什么?"提示公司存在的理由;"我在做什么?"揭示企业在为谁创造财富?到底想发展成为什么样的企业?

其次,要明确企业采取何种盈利模式?如何在为客户创造价值中获取利润?该方式是最经济有效的吗?这种方式是无法替代的吗?这种方式是可持续发展的吗?

2. 选择怎样的客户

首先,要明白谁是我的潜在(目标客户)?他们的喜好、价值观、行为特征如何?

其次,要知道哪些客户可以让企业赚钱?他们的性格特点、思维方式、消费习惯如何?

3. 获取价值

关于这一点,企业要清楚目标客户最大的需求是什么?企业想为客户提供何种产品和服务?客户为什么要购买自己企业的产品或服务?

在整个股权布局中，最关键的是明确目标——客户需求。再有，要持续优化运营，形成商业模式背后的核心竞争优势，建立壁垒，构筑既高又深的护城河。

法律风险

股权布局对企业来说非常重要，不只是简单的股权比例这样一个概念，还涉及以其为基础延伸出来的股东权利、股东会、董事会职权和议事规则，关系到企业的未来发展方向和经营规模，决定着企业的生死存亡。因此，进行投资时，应把目标企业的股权布局作为重点关注对象，有时还要通过预设资本的支点和杠杆来设计股权布局，控制其他股东，实现"以小博大"的效果。

股权布局设计的目的，是要解决公司的控制权、如何分配收益、确保投资者利益等问题。在实践中，如果股权布局设计不当，就会引发不同的法律风险，因此必须采取不同的防范措施来应对。

一、股权布局均衡法律风险

股权布局均衡，是指企业大股东持有的股份比例完全相同或相当接近，没有其他股东。

企业仅有两名股东且股权分布均衡，如此看似公平，任何一方都不具有绝对优势，彼此可以相互制约，但其中却藏着巨大的法律风险。根据我国《公司法》第43条规定：股东会会议由股东按照出资比例行使表决权；但是，公司章程另有规定的除外。在一般情况下，股东会对于一般决议采

取"简单多数"的原则，只要超过持有具有表决权的50%股份股东的同意，决议就能通过，但公司章程另有约定的除外。

《公司法》第44条规定：股东会的议事方式和表决程序，除本法有规定的外，由公司章程规定。股东会会议做出修改公司章程、增加或者减少注册资本的决议，以及公司合并、分立、解散或者变更公司形式的决议，必须经代表三分之二以上表决权的股东通过。针对企业的特殊决议，采用的是"绝对多数"原则，必须经具有表决权超过三分之二的股东同意，才能通过。这种股权布局，企业最容易出现僵局。股东之间，如果一方无法说服另一方，企业就无法做出决策，进而影响企业未来的经营和发展。

企业的股东人数超过两人、存在股权均衡分布的情况时，则可能出现小股东控制企业的法律风险。比如，甲、乙、丙共同出资100万元设立一家有限责任公司，甲、乙二人各出资45万元，分别持有公司45%的股份，丙出资10万元，持有公司10%的股份。后由于经营不善，公司出现亏损，甲、乙二人在经营管理上出现意见分歧，无法达成共识。如果章程未对股东决议做出特别约定，这时股东会要想通过一般决议，关键就要看丙的态度。为了使自己的经营理念得到执行，甲、乙二人必然会极力拉拢丙。长此以往，丙就会在一定程度上取得企业的控制权，这样其很可能因一己私利，不顾企业利益而恶意撑控企业。

为了避免股权均衡导致的上述法律风险，企业可以根据《公司法》的相关规定，在章程中另外约定表决方式及议事规则，不完全采用"按出资比例享有表决权"的方式。可以通过在章程中约定扩大或缩小某个股东或某类股东的代表表决权,来布局股权结构。

二、股权过分集中法律风险

1. 企业作为参股股东的法律风险

企业对外进行项目投资,如果目标企业股权过于集中,那么当企业投资未达到绝对控制的地位,且处于目标企业参股股东地位时,就要防范因原股东"一股独大"而带来的法律风险。

在企业创立初期,作为企业领导者和决策者,大股东的个人素质和智慧对于企业发展起着至关重要的作用,其不仅要在复杂的市场中迅速做出判断,还要及时、正确地应对所面临的各种变化。但当企业发展到一定规模后,如果股权过分集中在某个大股东身上,那么这种股权布局的弊端就会逐一显现出来:

(1)决策失误。股权过分集中在某个股东身上,控股股东独享企业的决策权,完全控制企业的发展走向。但面对纷繁复杂、变幻莫测的市场,仅凭个人的主观去做决断,必然会出现判断不准、决策失误等问题。缺少必要的约束和制衡机制,一旦股东在对企业具有重大影响的事项上出现失误,就会给企业带来灭顶之灾,从而损害到其他投资者的利益。

(2)治理机制失灵。企业多年被大股东把持,其他股东没有话语权,就会失去参与企业经营管理的意愿。董事会、监事会中的多数董事、监事都由大股东指定或提名,成为控股股东的代言人,股东会、董事会、监事会等就会形同虚设,企业的治理结构也会失灵。

（3）大股东的行为无人约束。企业的治理结构一旦失灵，大股东的行为就会不受制约，就会凭借自己的意愿去支配、控制公司，滥用自己的控股股东地位，企业行为与股东个人行为就会混同，这样必然会损害企业和其他小股东的利益。

2. 企业股份成为控股股东的法律风险

企业在进行项目投资时，如果想掌控目标企业，首先就要对自己的持股比例进行安全边际设置。如果自己拥有的股份无法应对各种不稳定因素，就难以保证自己对目标企业的控制。此时可以采取的防范措施有：

（1）企业进行项目投资时，如果目标企业股权过分集中，就要想办法制约大股东的行为。投资时，要多关注目标企业的股权布局和公司章程，可以通过协商修改目标公司章程，也可以规定大股东表决权的最高限额，还可以适当提高股东会对于一般决议、特殊决议通过比例。比如，股东会通过一般决议需要经过代表三分之二以上表决权的股东同意，特殊决议需要经过代表四分之三以上表决权的股东同意或全部股东一致同意；投资方有权指派一名董事进入董事会；对企业有重大影响事项的重大决策，要由董事会全体一致通过。这样，对于企业经营管理中采取的重要措施，投资方就有了一票否决权，就能对目标公司的大股东形成制约，继而保护自己的利益不受损害。

（2）为了应对收购目标企业成为控股股东的法律风险，就要根据绝对控股和相对控股的情形来采取相应的防范措施。绝对控股是指，一个股东持有50%以上的表决权；相对控股是指，虽然未持有公司50%以上的表决权，但可以通过联合其他小股东共同持有公司 50% 以上的表决权。在股权比较分散的股份有限公司，股东只要持有多数表决权，就能通过股东大会参与公司决议。

对于公司来说，投资者掌握了公司 50% 以上的股权，所有权与控制权将会高度一致。投资者指派或提名的董事在董事会占有多数席位，对于企业的日常管理具有决策权，任何人都不能挑战投资者的权力，投资者可以在企业的生产经营中推行自己的管理理念；若股权比例下降到 50% 以下，投资者的所有权与控制权就会被削弱，董事会中投资者也不再一言九鼎，而要由根据票选原则产生的董事会成员对企业进行重大决策；若投资者的持股比例下降到 30% 以下，不仅所有权与控制权会再次被削弱，话语权也会被剥夺，如此，要想在股东大会上通过自己的建议、在企业中推行自己的主张，就会难上加难。

在企业发展壮大的过程中，投资者如果想保证自己的绝对权力，最可靠的办法就是掌控 50% 以上的股份；同时，还要与其他小股东签订《一致行动的协议书》，确保大家的股份和自己的股份相加大于 50%。

三、企业股权平均分散的风险

企业股东人数众多，而各个股东的持股比例又很小，股权平均且比较分散，同样会给投资者带来一定的风险。该风险主要体现在以下几个方面：

1. 企业由管理层掌控

股东人数众多且持股比例小，在企业中获得利益就会有限，再加上股

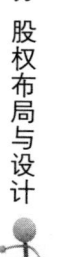

东"搭便车"心理的存在，致使很多股东都不太愿意参与企业经营管理，企业的实际经营管理及决策完全由职业经理人或管理层掌控，股东缺乏对企业经营的监督，一旦管理层不忠于企业和股东，就会引发道德危机，可能损害企业和投资者的利益。

2.股东会难以形成有效决策

企业缺乏控股股东，各小股东都想将自己的想法贯彻到企业的日常经营管理中，这样就会造成"谁都有权说，但谁都说了不算"的情况。小股东之间彼此制约、相互对抗，股东会就无法形成有效决议，无法做出最终决策。为了杜绝这种情况的出现，可以采取以下防范措施：

（1）如果想将企业股权进行平均分配，就要设计合理的法人治理结构，比如，在章程中重新分配股东会和董事会的职权、约定股东会和董事会的表决制度等。

（2）为了不出现僵局，可以引入上市公司独立董事制度，设立独立董事。独立董事不担任企业任何职务，除董事外，独立董事自身是独立的，会对企业情况进行独立客观的判断，但不会受到其他股东的影响。如果股东权益发生冲突、较量，他们就能起到一定的制约作用。

（3）无法进行决策，时间长了，会损坏各方利益。为了避免出现这种情况，投资时可以在章程中规定：当企业出现僵局时，由第三人对僵局纠纷进行仲裁……一句话，只有妥善解决股东间的矛盾，消除利益冲突，才能确保企业的稳定发展。

税务策划

股权布局中的税务策划,要重视下面几个重点问题:

1. 一般股权转让

在一般的股权买卖中,股权转让人应享受的、被投资方累计未分配利润或累计盈余公积,应该确认为股权转让所得,不能确认为股息性质所得。企业在清算或转让全资子公司以及持股在95%以上的企业时,股权转让人应将分享的被投资方累计未分配利润或累计盈余公积确认为股息性质所得。为了避免税后利润重复征税,计算股权转让人的股权转让所得时,可以从转让收入中减除上述股权性质所得。

由此,企业在转让子公司时,如果想让转让方降低所得税,可以要求子公司在其股份转让前形成与进行利润分配有关的股东决议或董事会决议并分派红利,规定该公司分红款所产生的收益属股息收益,该收益应该计算的所得税按照母子公司税率差计算并提取;分派红利后的转让价(除权价)一般都要低于分配前的定价,在股权转让中产生的投资收益应计算提取的所得税也会低于除权前定价的所得税。

2. 股票红利

在进行股票投资时,股票红利通常都是这样处理:被投资企业按照20%扣除个人所得税后发放。该部分现金股利由被投资企业以税后利润进行分配,因此现金分红的20%个人所得税涉嫌重复征收。为了应对这种状况,可以在股票除权日前,将该部分股票卖掉或转让;股票转让、买卖收

益等不计征个人所得税,就能间接地降低税负。当然,在出售或接受分红之间做出选择时,企业还要考虑多种因素,比如,当前股价、预计除权后股价、派发红利额、转让流通股是否会影响到控制权等。

3. 含股票股利时的股权转让

进行长期股权投资核算,如果被投资企业分派股票股利,需要按照企业会计制度和具体会计准则的规定来执行,不用进行账务处理;但该股权转让时的收益,则要以该投资企业所持有的全部股份为基础予以计价。由此,转让所得就包括投资期内累计派发股票股利的股份转让所得。被投资方发放现金股利或实物股利时,只要按照税率差缴纳股息所得税即可,股权转让价格中不包括累计股息所得。

不论企业如何核算投资,被投资企业会计在做利润分配账目时,投资方企业都要确认投资所得的实现,要按照分派的股票股利作为股息性质的所得进行所得税申报;申报时,企业取得的股票,则要按照股票票面价值来确定投资所得。

4. 增值税

《国家税务局关于转让企业全部产权不征增值税问题的批复》(国税函[2002]420号)、《国家税务总局关于纳税人资产重组有关增值税问题的公告》(国家税务总局公告2011年第13号)等文件规定,企业转让产权以及企业重组业务都不需要缴纳增值税。

5. 契税

根据规定,在股权转让中,单位、个人承受企业股权,企业的土地、房屋权属不发生转移的，不征收契税。

6.印花税

目前，股权转让存在两种情况：一是在上海、深圳证券交易所交易或托管的企业发生的股权转让行为，要按照证券(股票)交易印花税千分之三的税率征收证券(股票)交易印花税。二是不在上海、深圳证券交易所交易或托管的企业发生的股权转让，应由立据双方依据协议价格(即所载金额)万分之五的税率计征印花税。

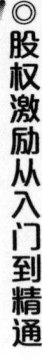

股权设计

资金驱动型企业

什么样的企业是资金驱动型企业?比如,房地产。

万科成立于1984年,1988年改制为股份公司,1991年在深交所挂牌上市。万科改制上市前,王石放弃了持有万科大量原始股份的机会,放弃了成为万科控股股东的资格,为"股权分散"打下基础。

王石曾高调认为:万科一直是股权高度分散的企业,中小股东就是万科的大股东,虽然没有绝对控股,但有相对控股。多年来,万科已经适应了这种股权结构,对董事会负责,管理层有绝对的发言权。

1994年发生"君万之争"后,王石意识到了高度分散的股权对万科控制权的影响,于是重新创建了一个控制权相对集中的新万科。王石觉得只要有了华润的庇护,自己就能高枕无忧,于是多年来他都在登山、游学、做红烧肉,最终放大了宝能系的欲望——试图控制万科。

2000年,王石与万科管理层"卖掉"第一股东,之后引入华润,王石变为专业的职业经理人，万科也就成了没有实际控制人的公司。2004年在宝能系成为万科第一大股东前，华润对万科的持股比例均维系在15%左右，一直都是万科的第一大股东，但随着宝能系的持续增股，华润失去了其第一大股东的位置。

可以发现，王石与万科管理层"卖掉"第一大股东身份后，万科就走上了股权高度分散的道路，并在这条路上越走越远，直至宝能系出现，问题才慢慢浮现。其实，万科在股权激励政策制定与实施上都做得不错，但依然逃脱不了控制权旁落的风险，根本原因还在于股权设计出现了问题。

股权设计就是公司组织的顶层设计，传统企业转型，战略和商业模式解决的是做什么、怎么做等问题，股权设计解决的则是谁投资、谁来做、谁收益等问题。股权设计理论主要包括以下核心内容：

1. 股权价值

股权价值计量不仅关系着股东利益，还影响着会计信息的相关性，采用不同的方法来计算股东权益，必然会出现不同的结果。要想计量股东权益价值，就要根据资产的价值属性选择恰当的方法。在互联网时代，股东利益最大化就是股权价值最大化，可见估值比利润更重要。

2. 股权架构

股权架构就像一座大楼的框架，核心主体是公司及其子公司的股权结构、关联公司的交易结构。忽视了大楼框架的设计，即使工程队再厉害，也无法建造出理想的高楼。

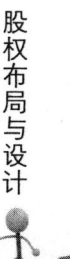

3. 公司治理

设计股东会、董事会、管理层、监事会的游戏规则，就能使投资者获得最大收益。民营企业创始人一般都擅长独资打天下，不善于合伙合作；即使是多个能力强的人合伙经营企业，一旦公司治理出现问题，也无法取得理想的经营效果。

4. 股权激励

股权激励模式主要有创客模式、持股模式和分红模式3种。目前，许多股权激励技术或方案都是基于工业化思维，但如今的很多员工都不再依附于企业，能力强的员工可能还想独自创业，不屑于拿企业的那点儿股份；另外，在工业化时代，以利润为坐标实施持股激励是极端错误的；但在互联网时代，公司价值才是持股激励的唯一标准。

5. 股权融资

设计股权融资额度、融资时间点、估值范围、融资对象，既需要投入大量资金持续经营，也需要保持经营的相对独立性。这需要注意两点：一是对公司估值高预期，错过了股权融资的最佳时机，后续大都会出现资金链断裂；二是不能因为股权融资的对赌协议，失去公司的主要股东地位和控制权。

6. 股权众筹

股权众筹既可以吸纳种子用户，也可以解决公司初期的资金瓶颈，将资金、人才和资源都筹集到位。但这里要特别注意股权分配问题，如果100个股东，每人持有1%股份，那么公司必然会散伙。

7.股权投资

股权投资不是债权投资,要么赚得盆满钵满,要么落个血本无归。要想跨过投资中的坑,就要找到未来的BAT。如此,今天投资10万元持有1%股份,未来就可能市值100亿元。

资源驱动型企业

什么类型的企业属资源驱动型企业?比如,星级酒店基本上都属于资源驱动型企业。这类企业如何进行股权设计呢?看下面几个案例:

案例1.锦江股份

锦江股份是锦江集团旗下A股上市平台,主要负责集团的有限服务酒店的业务。大股东是上海锦江国际酒店(集团)股份有限公司,实力强大,持有公司50.32%的股权,实际控制人是上海市国资委;二股东弘毅投资有着丰富的国企改制经验,持有公司12.32%的股权,实际控制人是实力雄厚的锦江集团,对公司在资金、物业、人才等方面都起到了重要的支持作用,在国企改革领域取得了很多成绩,曾参与过中国玻璃、中联重科、石药集团等国有企业改革项目。

在管理结构层面,锦江股份由卢浮亚洲、铂涛、维也纳、法国卢浮四大酒店板块组成,后台在财务、销售渠道、物资平台等方面实现了整合,进行统一管理。

铂涛、维也纳和卢浮基本维持原班人马,各板块酒店可以保持自身的经营战略和管理特色,有利于发挥自身优势,做到优势互补,提升效率。

之后,在发展过程中遇到了激励方式不足、制约发展速度等问题。为了解决这个问题,锦江股份成立了新的子公司——卢浮亚洲,其是一家国企上市公司的子公司,激励机制更加灵活。另外,卢浮亚洲采取市场化的高管聘任制度,高管团队由锦江团队、卢浮欧洲高管团队和其他酒店集团的外招团队组成,市场化倾向更明显。

铂涛采用内部创业式的孵化器模式,不同品牌的产品设计、收费模式各不相同,而后台的会员系统、财务系统则相互统一,在保证经营效率的前提下,能够充分发挥各设计团队的能力,覆盖多元化、多层次的消费群体。

维也纳采用了好的激励机制,能够充分激发一线员工的积极性,扩张速度最快,进一步巩固了中端龙头地位。同时,为了提高一线人员的积极性,采取"超额奖金+百分比提成"的方式。另外,收购维也纳80%股权后,维也纳创始人从剩余的20%股权中拿出一部分用于激励团队,进一步调动了员工的积极性。

案例2. 首旅酒店

如家自创建后,股权一直都比较分散,多数大股东都是外部投资方。2015年12月,首旅酒店开始着手收购如家,收购方案分为以下三步:

第一步,从工行纽约分行借款12亿美元,购买如家65.13%流通股权,2016年4月完成交割;

第二步,以增发股份购买资产形式,向如家其余主要股东收购剩余34.87%股权,总计发行2.47亿股;

第三步，公司向 8 名特定对象定增募集 38.73 亿元配套资金，总计发行 2.02 亿股。

收购如家完成后，大股东首旅酒店的股权被稀释至 36.74%，资源变得丰富，遂将公司定位为资源整合型平台；携程持有公司 15.43% 的股权，成为二股东，间接实现了混合所有制改革。

人力资本驱动型企业

人才驱动的企业有哪些？最典型的就是慧憬股权，最大的成本是人才。这类企业依靠的是人才的核心驱动能力。对这类企业进行股权设计，要注意以下几个维度：

第一个维度：创始人／发起人

在企业里，创始人是团队的灵魂，也是公司的核心人物。作为公司的创始人或发起人，要无条件享有一定的身份股比例，一般建议 20%~30%。其实，只要是公司的核心人物，比如，马云、刘强东等，本来就该享有这样的身份股比例。

第二个维度：共同发起人（合作人）

创业初期，一般都是创始人与合伙人共同发起一个项目。共同发起人一般是指在创业初期就在企业一直打拼的合伙人。创业初期是公司发展的最艰难阶段，如果没有融资，就要利用团队的执行力去克服困难，一起坚持把公司做大。创业创新就是要打破原有的利益结构，重新构造一种商业模式。

创业阶段一直在一起的合作伙伴,在公司享有一定的股权比例,一般是20%左右。通常都根据人头均分,比如,四个合伙人,20%平均分,每个人就是5%。

第三个维度:资金股

如今虽然很多创新企业在创业初期都是靠融资进行驱动,但多数企业在最开始还是要依靠自有资金,因此资金还是最直观的风险成本。所以,创业初期,就需要合伙人一起出钱、一起面对风险。

资金股一般按合伙人出资的比例来分配,比如,3个合伙人,各人都出了10万元,这10万元可能用于前期市场人员的工资;做互联网,可能会涉及服务器的费用,包括办公租金等。各人出10万元,平均分,每个人就是10%。如果只有CEO一人出资,不管出资多少,都由CEO独享,资金股的比例多为30%。

第四个维度:历史贡献+职位权重股

历史贡献包括了合伙人的背景、他过去做过哪些成功案例、过去所在公司的背景、在新项目里担任的职位等。同时,在不同行业,针对不同合伙人的各职位权重也不太一样,比如,智能硬件行业,团队里负责底层技术研发的,就包括核心专利人员,在职位权重方面的股权可能要多一些。再如,社交、电商平台可能更重视产品或运营,产品合伙人和运营合伙人的股权可能就要比技术多一些。

股权治理

控制权维度

创业初期一般都比较难,为了企业发展壮大,每个创始人都会竭尽所能,其中也包括借助外力——融资。但是,不得不承认的是,企业融资意味着控制权的转让,当创始人的股权稀释到一定程度时,如果没有其他协议的特别规定,创始人的控制权就会受到威胁。

想想看,这些年失掉公司控制权的创始人,结局都如何?

2001年,新浪在美国上市的第二年,创始人王志东被赶出董事会,失去了对新浪的控制权。

2010年,1号店从平安融资8000万元,出让80%股权。后来,平安将1号店的控股权转让给沃尔玛,沃尔玛全资控股1号店,创始人于刚离开。

2015年,俏江南创始人张兰被赶出局。

2016年1月,"去哪儿"网创始人庄辰超没有掌握多数的投票权,无

力反对"去哪儿"网与携程的正式联姻,只能出走。

其实,这里讲的控制权就是要在公司掌握权力。想要实现创始人的控制地位,首先就要明白公司的治理结构和决策机制,掌握控制权存在的关键。公司股东股权达到50%以上,就会拥有绝对控制权。

拥有多少股权才能掌握公司的控制权?答案是占股比例大于50%。控制权,一般是相对于所有权来说的,是指对某项资源的支配权,不一定对资产拥有所有权。所谓资产,是企业在过去的交易或事项中形成的、由企业拥有或控制的、预期会给企业带来经济利益的资源。这里的"拥有"就是一般意义上的产权,是对资源拥有处置的各项权利;而所谓的"控制"是指,即使没有资源所有权,也可以对资产产生的主要经济利益进行支配。

持股形式维度

这里,主要探讨自然人持股、有限责任公司持股和有限合伙企业持股等三个维度的特点。

一、自然人持股

(一)自然人持股包括个人直接持股和代持两种

1. 个人直接持股

所谓个人直接持股市值,激励对象变更工商注册登记,直接将主体公司的股权登记到员工个人名下。这种持股方式,个人拥有所有的股东权利,激励力度最大;完全由员工个人支配处置,归属感最强,税负最低,操作最简便。

2. 代持

所谓代持,就是激励对象的股权由他人或机构(公司)名义上持有。从本质上来说,就是激励对象通过与代持人签订代持协议的方式持有股权。

股权代持是合法的,我国法律保障隐名股东的权利。这种方式操作简便,由名义股东进行注册,只要激励对象与名义股东签订代持协议即可。但存在一定风险,除了名义股东窃夺股权风险,还会出现上市不规范风险。

(二)自然人持股的所得税负特点

1. 股权转让所得税

(1)一般股权转让。《股权转让所得个人所得税管理办法(试行)》明确规定,个人转让股权,应纳税所得额=股权转让收入-(股权原值+合理费用),按"财产转让所得"缴纳个人所得税,税率为20%。

(2)限售股股权转让。根据财政部、国家税务总局《关于个人转让上市公司限售股征收个人所得税有关问题的通知》(财税[2009]167号)的规定,自2010年1月1日起,对个人转让限售股取得的所得,按照"财产转让所得",适用20%的比例税率征收个人所得税。其中,应纳税所得额=限售股转让收入-(股票原值+合理税费)。

2. 股息红利所得税

(1)个人股息红利所得税。《个人所得税法》[2018]第3条第3款规定:

利息、股息、红利所得税率为20%。

（2）上市公司股息红利所得税。根据《关于实施上市公司股息红利差别化个人所得税政策有关问题的通知》（财税[2012]85号）规定，个人从公开发行和转让市场取得的上市公司股票，持股期限在1个月以内（含1个月）的，其股息红利所得全额计入应纳税所得额；持股期限在1个月以上至1年（含1年）的，按50%计入应纳税所得；持股期限超过1年的，暂减按25%计入应纳税所得额。因此，员工持有上市公司股票持股期限不超过1个月（含1个月）的，个人所得税率为20%；处于1个月至1年（含1年）的，个人所得税率为10%；持股期限超过1年的，个人所得税率为5%。

3. 自然人直接持股不利于公司治理

（1）自然人直接持股使股权分散，会削弱实际控制人的控制权，比如，自然人股东太多，会分散股权，增加管理难度，影响决策效率。

（2）员工直接持股使股权固化在固定人身上，容易造成持股员工"搭便车"而变得懈怠，无法产生有效的激励效果。另外，公司失去主动权，持股员工上市套现走人，不利于员工留存，会影响公司的市值管理。

（3）员工股权的进入和退出，一般都会造成公司股权结构的变更。股权转让频繁，手续复杂，不利于操作。如果员工不配合股权变更手续，还会引起法律纠纷，耗费掉大量的时间和财力。

二、有限责任公司持股

有限责任公司持股，是指设立一家公司制企业持有主体公司的股权，员工持有有限公司的股权，间接持有主体公司的股权。

1. 有限责任公司持股的税负

企业所得税法规定，有限责任公司是企业所得税纳税义务人，需要缴纳企业所得税。另外，有限责任公司自然人股东需要缴纳个人所得税。因此，有限责任公司作为持股平台需要双重税负。

2. 股权转让所得税

有限公司秉承"先税后分"原则，当有限公司对外转让公司股权时，有限责任公司按 25% 税率缴纳企业所得税；公司向自然人股东分红时，自然人股东按 20% 的税率缴纳个人所得税。

3. 股息红利所得税

《企业所得税法》[2018] 第 26 条规定：符合条件的居民企业之股息、红利等权益性投资收益为免税收入。符合条件的居民企业之股息、红利等权益性投资收益是指居民企业直接投资于其他居民企业取得的投资收益。因此，有限责任公司持股平台取得股权分红时，不需要缴纳企业所得税；持股平台内部分红时，自然人股东需要缴纳 20% 的个人所得税。

4. 有限责任公司持股对公司治理的影响

有限责任公司的治理按照《公司法》规定：修改章程、增资、减资、合并、分立、解散或者变更公司等重大事项需经代表 2/3 以上表决权的股东通过，一般事项需经代表 1/2 以上表决权的股东通过。

因此，实际控制人要掌握持股平台的控制权至少需要持股平台公司 1/2 以上的股权；如果员工持有平台公司的股权比例超过 1/2，则原股东或

公司管理层有可能失去该部分股权对应的表决权。另外，有限公司内部管理还要遵循《公司法》规定，比如，设立"三会一层"的组织架构、分红前需提取税后利润10%作为法定公积金、股权转让时需要其他股东放弃优先受让权等。

三、有限合伙企业持股

有限合伙企业持股是指，设立有限合伙企业持有主体公司的股权，员工持股有限合伙企业，间接持有主体公司股权，是间接股东。

1. 有限合伙企业持股的税负

《财政部国家税务总局关于合伙企业合伙人所得税问题的通知》（财税[2008]159号）规定：合伙企业以每一个合伙人为纳税义务人。合伙企业合伙人是自然人的，缴纳个人所得税；合伙人是法人和其他组织的，缴纳企业所得税。合伙企业生产经营所得和其他所得采取"先分后税"的原则。所称生产经营所得和其他所得，包括合伙企业分配给所有合伙人的所得和企业当年留存的所得（利润）。

因此，有限合伙企业没有企业所得税，合伙企业所得利润先在合伙人中分配，再由合伙人以自己的名义申报纳税。

2. 股权转让所得税

《关于个人独资企业和合伙企业投资者征收个人所得税的规定》（财税[2000]91号）（以下简称"91号文"）第4条规定：个人独资企业和合伙企业每一纳税年度的收入总额减除成本、费用以及损失后的余额，作为投资者个人的生产经营所得，比照个人所得税法的"个体工商户的生产经营所得"应税项目，适用5%~35%的5级超额累进税率，计算征收个人所得税。

前款所称收入总额，是指企业从事生产经营以及与生产经营有关的活动所取得的各项收入，包括商品（产品）销售收入、营运收入、劳务服务收入、工程价款收入、财产出租或转让收入、利息收入、其他业务收入和营业外收入。因此，合伙企业转让股权时，自然人合伙人按5%~35%的累进税率征收个人所得税。

有些地方为了鼓励股权投资类合伙企业，在有限合伙企业转让股权时，对有限合伙人按"财产转让所得"征收20%的个人所得税；对执行合伙事务的个人合伙人，比照"个体工商户的生产经营所得"征收5%~35%的累进所得税。上海、深圳均按此规定征税。

此外，有些地方出台了更优惠的政策，对股权投资类合伙企业自然人统一按20%的税率征收个人所得税，比如，天津、北京、青岛等采用的就是20%的征收税率。

3. 股息红利所得税

《国家税务总局关于〈关于个人独资企业和合伙企业投资者征收个人所得税的规定〉执行口径的通知》（国税函[2001]84号）（以下简称"84号文"）规定：合伙企业对外投资得到的利息、股息、红利，不并入合伙企业的收入，应单独作为投资者个人取得的利息、股息和红利，按"利息、股息、红利所得"应税项目计算缴纳个人所得税。

《个人所得税法》（2011）第3条第5款规定：利息、股息、红利所得税率为20%。因此，自然人通过有限合伙企业持股时，从主体公司取得的

股息红利的个人所得税率为20%。

4.有限合伙企业持股对公司治理的影响

（1）可操作性强。有限合伙企业遵循《合伙企业法》的规定执行，从设立到日常运营都比较简单，可以通过约定《合伙协议》的方式来确定管理规则，利润分配和财产份额的转让操作更加灵活。

（2）易于股权管理。普通合伙人可以用少量的出资完全掌握持股平台的控股权，达到分利不分权的目的。实践中可以由实际控制人担任普通合伙人，作为股权激励的"股票池"；员工股权进入和退出，都要通过普通合伙人的财产份额转让来实现，这样才更利于对股权进行集中管理。

股权设计的基本原则

股权结构一定要干净

股权结构的设计一定要干净，不能太过复杂。

创业公司的股权至少要包括创始人的股权、员工的期权和投资者的股权。创始人可以出资，也可以不出资，因为创始人是以过去的经验和资源以及未来对公司的全职投入作为条件来换得公司股权的；按照一般的股权投资规则，创始人出小钱或不出钱占大股，投资者出大钱占小股。

合伙人团队要明确内部角色，股权结构要清晰干净。谁是创始人，谁是合伙人，谁是员工，谁是投资者，职责分工、权利限制等都要清晰明确。此外，股权比例及决策权限也要清晰，不能存在模糊和模棱两可的情形；股权结构也不能过于复杂，要力求简单明了。

利益优先，感情第二

股权设计，不能以兄弟感情来追求共同利益，应该以共同利益来追求

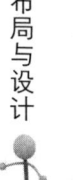

兄弟感情。中国人一般都羞于谈钱，但实际上每个人在创业初期都是为钱奔波忙碌的，所以在设计股权时，一定要把利益说清楚。而新《公司法》对中小股东的权益保护详尽备至，具有针对性和可操作性。

有这样一个案例：

甲、乙、丙三人成立了一家房地产公司，甲占80%，任董事长，乙、丙各占10%。在大家的一致努力下，公司资产越滚越大，甲是公司大股东，做事总是自作主张。乙、丙都有意见，但乙没有公开表示过，丙却经常向甲反映，因此甲对丙印象较差。后来，乙将自己的股权转让给甲，退出公司，只剩甲、丙两个股东。丙要求甲转让其股份，甲没有答应，理由是有限责任公司股东不能少于两人。

丙想当副董事长，但甲说："全体董事都不会选你，因为你不是董事。"

丙问："聘我当总经理，行不行？"

甲说："不行。"

丙问："能不能分红？"

甲说："不能。公司需要发展，股东利益要服从公司利益。"

丙要求召开股东会，甲说："你持股比例不到总股数的1/4，无权提议。"

几年后，小股东要求分红，甲说："公司亏损，不能分红。"丙想要查账，甲说："保密。"

最终，小股东诉到法院，要求解散公司，但是由于种种原因，小股东并未打赢这场官司。

这是公司僵局的典型特征。

修订前的《公司法》中，没有明确的解决途径和办法，因此，新《公司法》对中小股东权益给予了保护，主要做了这样几项规定：

第一，保证中小股东的知情权。《公司法》明确赋予有限责任公司股东可以查阅公司会计账簿的权利，如果公司拒绝提供查阅，股东可以请求人民法院要求公司提供查阅。

第二，股东可以自由转让股份权利。有限责任公司的股东，彼此可以相互转让全部或部分股权。股东向股东以外的人转让股权，应当经其他股东过半数同意。就其股权转让事项，股东应用书面形式通知其他股东征求同意，其他股东自接到书面通知之日起满三十日未答复的，视为同意转让。其他股东半数以上不同意转让的，不同意的股东，就要购买该转让的股权；不购买的，视为同意转让。经股东同意转让的股权，在同等条件下，其他股东有优先购买权。

第三，异议股东的退股权。有下列情形之一的，对股东会该项决议投反对票的股东可以让公司按照合理的价格收购其股权：

（1）公司连续五年不向股东分配利润，公司该五年连续盈利，且符合本法规定的分配利润条件。

（2）公司合并、分立、转让主要财产的。

（3）公司章程规定的营业期限届满或章程规定的其他解散事由出现，股东会会议通过决议修改章程使公司存续的。

第四，中小股东有席位保障及话语权。

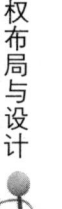

（1）有限责任公司提议召开临时股东会的股东表决权比例，由"1/4以上"改为"1/10以上"。

（2）股份有限责任公司股东大会选举董事、监事时，可以实行累计投票制。

这些规定，实质上都是对大股东的制衡，是平衡公司内部利益分配机制的有效方法。

团队里一定要有真正的领导者

在团队里一定要有一个真正的领导者，否则团队结构就不合理。在股权设计中，领导者的股份一定要大于其他股份之和，即 1＞2+3+4。如此，如果企业盈利，领导者就拿得多；如果企业赔钱，领导者就赔得多。

创业初期的股份不仅代表了权利，更多的是责任，所以领导者至关重要。

有清晰明确的领导者，能够有一定的控制权，承载合伙人的职责与担当，就能形成众星捧月、共同创业的团队凝聚体。

企业的股权架构设计，核心是领导者的股权设计。领导者不清晰，企业股权就无法分配。创业企业，要么一开始就明确领导者，要么就在发展过程中磨合出一个领导者。

很多公司之所以会发生股权战争，一个原因就是领导者不清晰。比如，真功夫、国美、万科等。

当然，企业有清晰明确的领导者，并不代表专制。苹果、微软、

Google、BAT、小米等互联网企业都有清晰明确的领导者，领导者不控股时，企业就通过AB股计划、事业合伙人制等来确保领导者对公司的控制力。

创业团队的决策机制，可以民主协商，但意见出现分歧时，必须集中决策，一锤定音。

在股东会与董事会层面，只有领导者对公司拥有绝对控制权，公司才能有主人，才不会沦为赌徒手里的纸牌。

动态的股权设计规则

所谓动态的股权规则就是，企业发展不是一成不变的，都是由小到大发展起来的，需要不同的人对企业做出不同的贡献。当企业发展到一定程度，可能创始人或初期股东的能力就会慢慢不适应企业发展，动态股权设计就是要以成果为导向，让贡献者得到自己应得的股份。

有这样一个案例：

A和B二人共同投资开了一家咨询公司。前期需要启动资金100万元，双方各拿50万元，各占50%的股份，这样的分配合理吗？

这种股权设计的弊端在创业初期不会太明显，公司不挣钱的时候也不会太明显，但随着企业的发展壮大，两人的能力不一样，使用这种股权设计，企业必然会走下坡路。

那么股权设计应该如何进行动态调整呢？可以按照下面3种方法进行：

第一种方法，创始人之间进行沟通。要进行股权设计，企业要发展壮

大，就要协商一下企业发展过程中钱和人哪个发挥的作用更大。

第二种方法，根据贡献程度进行股权设计。企业发展阶段不同，各年度要完成的工作也不一样，要让他们协商清楚今年要做的事情，然后进行分工，并将分工的结果作为年底考核和股份划分的依据，让各人明确自己的工作导向。如今多数企业都是轻资产公司，厂房和土地不多，企业最值钱的就是创造性成果，而这种成果需要投入巨大的精力。

第三种方法，做好预留。比如，预留20%，年底时就能根据年度贡献进行细微调整。

重视使命、愿景、价值观对股权的影响

说到使命、愿景和价值观对股权的影响，不得不思考这样两个问题：

第一，如果公司所有的优秀人才都不离开，企业能做多大？

第二，如果所有的员工都像老板一样努力，企业能做多强？

想要留住优秀人才，想让员工都像老板一样努力，核心方法只有一个，就是股权改革。解决这两大问题的方法只有一个——股权。

一个人不管如何努力，都赶不上时代的步伐，更何况在知识爆炸的时代，只有组织数十人、数百人、数千人一起奋斗，才能跟上时代的脚步。

在华为，年收入100万元的员工，超过1万人；年收入500万元的，超过1000人。相比之下，可以问一下自己：你们企业的员工年收入超过500万元的有几个？如何实现这一目标呢？重点在于明确企业文化的三大基石。

企业文化的三大基石是：使命、愿景和价值观。第一，什么是使命？即公司除了赚钱，还有什么目的？第二，愿景，也就是企业10年以上的目标和理想。第三，价值观，是带领公司长盛不衰的根本信条和准则，也就是公司经营的核心价值观以及根本信条和准则。

这三大基石，对企业所产生的作用主要体现为：

第一个作用，能够让团队找到工作的神圣感。比如，可以经常对员工说："在这个世界上，任何一份工作都不会比帮助别人成功更有意义、更有价值。我们的行业是不是在帮助别人成功？是不是在帮助其他企业做大做强？"如果自己的工作能够帮助别人成功，那么自己做的事情就是神圣的，有意义、有价值的，会让我们更加有归宿感。

第二个作用，激发团队的信念和拼搏精神。遇到困难的时候，想象一下自己的目标，想象一下要努力的方向，信念就会增强，也会让我们更愿意拼搏。

第三个作用，让团队永葆本色，始终如一。

性格、风格和文化，这三个词描绘了不同的组织形式，性格是描绘个人的，风格是描绘团队的，文化是描绘企业的。人有性格，企业也有性格，这种性格就叫文化。所有的资源和技术都会枯竭，只有文化才能生生不息。

使命，愿景和价值观，决定了企业股权最终的去向。这三大基石确定不了，企业投权运作就会比较艰难。

百度最早的使命是什么？无疑是让人们最便捷地获取信息，找到所

求。这是2016年之前的使命。2017年,百度修改了自己的使命——用科技让复杂的世界变得更简单,该使命既简单又简约,既宏伟又伟大。现在,百度已经发展为一家人工智能公司。

伟大的使命产生伟大的行为,伟大的行为缔造伟大的事业,一切都源于伟大的想法。企业所取得的最终成果一定超不过其最初的设想和梦想。因此,企业没有宏大的设想,永远都无法发展壮大。

阿里巴巴的使命是什么?答案是让天下没有难做的生意。阿里巴巴的愿景是什么?答案是成为一家持续发展102年的企业,成为全球十大网站之一。

慧憬股权的价值观是什么?孝顺、务实、谦卑、团结、包容、诚信。百善孝为先,慧憬股权有一个准则,面试员工的时候,首先要让对方报出父母的年龄,如果对方报不出来,就直接淘汰。

何为财富?放大格局,把心门打开,想得更加坦然。排在财富第一位的、比较重要的是什么?是家庭。记住,世界再大,都要回家。生活是为了幸福,所有的幸福源泉就是家庭。

没有结婚前,每年过年回家和爸妈团聚的那一刻是最幸福的;有了家庭后,工作很累,抱起孩子,和爱人在一起时,就会感到无比温暖和开心。即使再有钱,也不一定能找到开心的源泉。记住,人生最宝贵的财富叫家庭。

孝有若干境界和维度:第一个叫"身",第二个叫"心",第三个叫"智"。家庭是第一宝贵财富,在家庭经营过程中会遇到很多问题,能否处理好则取决于个人的境界和修为。无数企业家都遇到过这种情况：他很有钱，也很成功，每年都会给爸妈钱，但是他爸妈不舍得花，直接给了哥哥姐姐弟弟妹妹，他就不开心。这就有点小气了！

一个人真正的开心，最重要的是心灵的开心。记住，你给父母钱，那是你的事，他们怎么花，则是他们的事。你给他钱，他一转身捐给慈善机构，自己天天吃馒头、挤公交，那也是他的生命和生活，既然他开心，根本就不用你插手了。

看到父母这样做，为什么有些人会生气？因为父母的想法和做法不符合他的心意。想让父母开心，其实很简单，只要让哥姐弟妹家庭都幸福美满即可。所以，作为企业家，真正对父母好，就是把哥姐弟妹都带动起来。在金钱面前，一切为家庭让步；在家庭面前，只问付出，不问收获，成就别人。

生命是一个过程，追求的不是一个结果，在成就别人的时候，不要管他们对你如何，只要付出了，就能获得更高的能量，就能赚取更多的财富。为了一些东西而跟别人去争，只能将能量丧失掉。

孝顺最高的境界是孝其智。什么叫孝其智？举个例子，一位60岁的老人开车时，被别人蹭了一下，结果跟人家吵了两个小时。这说明他的心性境界有问题，因为他没文化。开车去办事，别人蹭了你一下，你让对方走了，自己却花了1万多元的修车费。不要计较这些东西，要去追求个人的心境修为和境界维度。

提高自己的心境和修为，就是孝其智。父母心理成长了，会更开心。

心理不成长，物质的满足永远都是暂时的，一定会得心病。东家长，西家短，谁家婆子不刷碗，整天跟这些事计较，如何成长？

无论信佛，还是信基督，或者信任何一种宗教，在信仰里都有一种东西叫"因果"，简称叫"种子"。什么叫因果？种瓜得瓜，种豆得豆。种下一颗因，结出一个果。举例，今天种下一棵葡萄，未来就会结出很多葡萄；种下一粒玉米，未来就会结出很多玉米……可见，果大于因。今天做一件好事，未来会有十件好事在等你；今天成就一个人，未来会有十个人来成就你。

你的因决定你的果，起心动念很重要！别人怎么对你都不重要，关键是你怎么对自己的内心。通过股权帮助其他家庭实现了财富自由，未来一定会有无数的家庭来帮助你实现财富自由，这就是修行的高度、维度和境界。

避免股权设计常见误区

提供资源占股，甚至占很大的股份

资源引入只有一次性价值，一旦公司做大，就会发现资源是非常容易获得的，甚至不用付出任何代价。早期为引入资源而付出的股权代价如果过于高昂，一定不利于公司的长远发展。投资者介入，提的第一个条件一般就是稀释二股东的股权，这时候要尽量让他套现出局，给他开一个大家都能接受的价格。历史作用结束了，他就不再是持续的价值创造者了。

母公司的股权一定要留给能为公司带来持续贡献、同公司一起成长的人。早期股权结构如果设计不好，后期的投资者就很难进入，如此就无法形成平衡合理的股权结构，也无法吸引优秀人才。即使公司起步一年，如果没有5%~10%的股权，也不容易吸引优秀的人才加入。

举个例子：

乙带着一个项目找到甲，称市场前景非常好。甲仔细研究了商业计

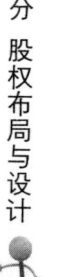

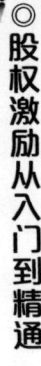

划书，也觉得不错。甲正好卖了一套房，手上有闲钱，正愁没处投资。于是，二人一拍即合，很快达成了合作意向。

甲对乙很放心，自己没有时间也不打算参与该项目的运作，只想作为一个纯粹的投资者。项目前期投资预算为1000万元，乙只有200万元，需要甲投资800万元，但要求股权占比按甲20%、乙80%来分配，而不是甲80%、乙20%。

面对这种情况，甲会同意吗？甲应当如何分析和考虑呢？

一、考察项目是否靠谱

甲是对一个初创企业进行投资，是雪中送炭，而不是创业生存下来后、有大好发展前景和较高估值的风险投资。初创企业最大的特点就是不确定性因素太多，该项目中甲投入800万元，如果失败，甲就是最大的风险承担人。因此，甲应当仔细分析该项目的商业计划书，了解投资回报的预计周期，并进行风险评估，以确定是否要参与该项目。如果认为这个项目确实不错，再继续下一步。

二、对有关理念先达成一致

1. 按出资比例并非法定唯一的股权分配方式

分股权就是分利益，"分"是为了"合"。股权分配最重要的是公平，而公平体现在为公司所做的贡献上，要使贡献与股权匹配正相关。传统的股权分配方式是按出资比例分配，但在当下，按出资比例分配并非唯一的股权分配方式；况且，《公司法》也明确规定：股东可以约定不按出资比例享有分红权和投票权等。

2. 明确身份，承认各自的价值和付出

甲是纯财务投资者，对应的付出是资金。乙是创始人，对应的是技术和人力资本的付出。甲只有资金风险；乙除了资金风险，还要面对没日没夜的精力付出、休息得不到保障、家庭团聚受影响、正常作息难保障、技术研发的付出、其他机会成本等风险。因此，乙方管理公司应当对公司有控制权。

3. 按投入要素的价值分配股权

公司正常运营需要投入如下要素：资金、劳动力、土地、技术和信息、非专利技术、管理、服务、创意、运营、商誉、个人品牌等。总之，要分析公司成立实际投入的要素有哪些，在实际投入要素中哪些应作为双方分配股权的参考项。然后，各自按纳入参考项的投入要素进行评估，最终按实际贡献来分配股权。

三、确定动态股权分配制度

合伙创业是一项长期的利益共享机制。当上述理念达成一致后，还要具体协商相关细节：

1. 确定双方应当各占股权的比例

要根据投入要素的贡献大小进行分析和评估。比如，互联网创业公司，主要涉及资金和人力（含技术）两大要素。双方可以先确定各投入要素占股的权重，比如，约定全部资金股占股25%，人力股占股75%（含预留股）。在1000万元的出资中，甲800万元资金占股20%，而乙200万元资金占股5%，甲不参与公司经营，没有人力投入，人力股为0，最终双方

的股权比例为甲20%和乙80%。此后，引入人才、股东激励需要的股权，都从乙的股权中分出。为了保证甲的股权不被轻易稀释，双方也可以对引入风投的方式进行约定。

2.对人力股设立成熟期

双方的资金一般是按照项目需要一次性出资，但人力资本却在项目运作中逐步付出。其作用和贡献与时间或实际效益有着密切关系，存在不确定性，不能将人力股一次性确定给乙方。双方应设定人力股成熟期，建立一个动态的调整机制，只有满足约定条件，乙才能分期获得人力股。如果约定成熟期为4年，每年成熟1/4就是18.75%，未成熟的股权没有分红权；需要满4年，乙才能获得全部75%的人力股。

3.将表决权和分红权分离

因为设立了成熟期，乙在公司成立时股权只有5%，第一年结束时乙的股权也就只有23.75%。为了确保乙作为公司创始人和实际控制人的地位，需要将表决权与分红权分离。为了提高安全感，可以直接约定乙的投票表决权为80%。

4.投入资金多者可以先收回全部或部分投资

考虑到甲承担了大部分资金风险，为了平衡双方感觉，让双方都满意，如果公司盈利，可以约定：通过分红保证甲方优先收回其全部投资或部分投资后，双方再按甲20%和乙80%的比例进行分红。如果已经收回投资，为了减少长期投资风险，今后甲方依然能按每年20%的比例分红；也可以将收回的资金继续用于其他方面，获得盈利。

按出资额占股

过去，如果公司启动资金是100万元，出资70万元的股东即使不参与创业，占股70%也是常识；现在，只出钱不干活的股东，"掏大钱、占小股"已经成为常态。在过去，股东分股权的核心甚至唯一依据是"出多少钱"，钱是最大变量；而如今，最大变量变成了人。

很多创业企业的股权分配都是"时间的错位"：根据创业团队当下的贡献，对公司未来的利益进行分配。创业初期一般都无法评估各自贡献，创业团队的早期出资也就成了评估团队贡献的核心指标。如此导致的直接后果就是，有钱但缺乏创业能力与创业心态的合伙人成了公司大股东，有创业能力与创业心态但资金不足的合伙人成了创业小伙伴。

比如，总资金股出资100万元，甲占40%资金股，乙占60%资金股。如果总的资金股比例是20%，那么，40%×20%=8%，就是甲应该占的资金股比例；60%×20%=12%，就是乙所占的比例。大家一起出资，就可以按资金多少进行分配。可是，如果股东有人脉和资源，那么就要占有一定的人才股。

投资100万元，一年可以赚100万元利润，这种企业只有两种特质：要么是人，要么是资源，绝对不是单纯靠资金。靠资金赚钱的企业只有一种特质——投资大，回报低，比如，五星级酒店。投资规模大，基本上回报都比较小，但比较稳定，竞争比较小。

这种情况下，股权该如何设计？如果不是资源型企业，资源股一般不

会超过10%,剩下的都归人力所有;如果是资源型企业,就要根据具体情况进行衡量了,由此就将资金、资源、人力划分了出来。

分配股份的核心要看:各岗位的价值贡献是多少?岗位究竟是多少比例?岗位贡献越大,占的股越多;岗位贡献越小,占的股越少。领袖的股份就是董事长或总经理的股份,其他人的股份都是按岗位职责来分配的。

创业孵化平台模式利弊

股权设计,要设定必要的退出机制。不管任何人离开团队或不参与运营,都要对股权进行调整。

很多公司,包括一些上市公司,都会打造创业孵化平台。这种创业模式下的股权结构三分天下:母公司作为大股东持股50%,经营团队持股25%,其他员工参与众筹持股25%;所有股东按照持股比例出资;在分红层面给经营团队支付超出股权比例的额外奖励(20%)。

打造创业孵化平台的创业模式有利于产业协同、团队激励与风险隔离,有一定的合理性:公司经营团队与母公司创始人是"老板与员工"的关系,有底层信任基础;母公司除了输出资金,还可能给公司输出其他资源;经营团队投小钱占大股,创始人是公司的操盘手与实际控制人;投资者投大钱占小股,帮忙不添乱,不参与公司的经营管理。创始人与投资者各自的身份定位与工作分工都很清晰明确。

但是,这样的模式也会出现问题,比如,大股东的创始人身份与投资者身份不清晰。大股东是公司的实际控制人,很多事情都需要大股东拍板决策；大股东并不全职投入，既没意愿也没能力参与公司的经营与决策。这种双重模糊的身份会让大股东与经营团队都很被动。

早期投入部分资金、导入部分资源、一开始就孵化项目的大股东，就要对经营团队做些股权激励。但孵化项目运营一两年后，平台对孵化项目的参与和贡献就会越来越少，经营团队的参与和贡献却会越来越大，如果双方不设定动态合理的股权调整机制，会严重影响孵化项目后续合伙人团队与公司融资的引入，导致双输的结果。

对于母公司是否控股项目公司，可以考虑3个标准：其一，项目公司是否共享母公司的核心资源？其二，共享资源是否构成目标公司的长期核心竞争力？其三，母公司创始人是否有意愿、有能力深度参与目标公司的决策？

股权均分

两个创始人五五开，3个创始人每人33.3%，都是经典的股权结构形式。即使两个人共同起步，也定然会有一个人超过另一个人成为领导者。所以，在前期设计股权时，只要稍微花点时间找个专家咨询一下，就可以避免很多错误。

一、不合理的股权结构

几个人应该怎样分配股权呢？这里先要认识到不合理的股权结构有哪些：

第一种类型叫均分型。世间任何事都没有绝对平等，因此这种股权构

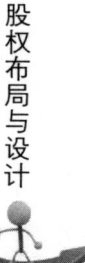

架,企业发展必然不会长久。无论是五五、三三三,还是4个人平均分或5个人平均分,都是不合理的。

第二种类型就是大股东吃独食,即大股东占98%,二股东占2%。大股东占得太多,很容易在企业发展的过程中引发矛盾。

第三种类型叫博弈型。在企业中,二股东、三股东、四股东的股份加在一起跟大股东一样多。双方势均力敌,谁说了都算,谁说了也不算。

第四种类型叫小股东要挟型。股权结构是40%、40%和20%,真正当家做主的不是占股40%的,而是占股20%的;股权结构是49%、49%、2%,这时候在企业发挥重要作用的就是占股2%的,因为他和谁站在一起,谁就是最大股东。

上面的这些都是不合理的股权结构。

二、股权设计的原理思路

股权设计,要基于企业未来发展的思想,结合现有的团队、资金和技术等元素进行构思设计。

"谁创造价值,谁分配利益",即谁贡献得多,谁分得多;谁贡献得少,谁分得就少。究竟谁贡献得多?谁贡献得少?权衡的标准就是价值。

不同时代,决定了不同的创造维度。在农业文明时代,价值由土地创造,价值针对的是地主。在工业文明时代,钱是价值的创造者,分配者是资本家或老板。在互联网时代,人创造价值,价值的分配者是创业者。过去是出钱的占股多,出人的占股少;现在是出钱的占股少,出人的占股多。一切都在于价值创造。

苹果从最早期的仅投入1250美元，变成了现在8000亿美元的规模，就是典型的不按出资比例分配股权的企业。那么企业究竟按什么来分配股权呢？取决于企业类型。如果是资源型企业，资源占大股，资金和人力就占小股；如果是资金型企业，资金占大股，资源和人力就占小股；如果是人力型企业，人力占大股，资源和资金都占小股。

兼职创业占股

早期创业，技术人才很难挖。如果某人掌握着很厉害的BAT技术，年薪几十万元甚至上百万元，不想离职合伙创业，但可以利用业余时间帮忙做开发，企业如果付不起钱，就可以让他在公司兼职占股，但要将股权控制在3%~5%，一旦占股达20%~30%，那么就必须让其全职。

在创业的股权分配中，创业伙伴的股权比例需要与各自的价值和贡献保持一致，而且是动态的一致。因此，尽量不要将兼职的创业伙伴作为合伙人，更不能给予股权，因为兼职创业承担的风险与全职是不一样的，投入的精力和时间也没有保障，考核也不方便。如下面的案例。

A兼职做了个小小的创业项目，引入两位大学同学与一位同事，成立了一个四人团队。创业之初大家都没有经验，均付出了许多努力，于是A决定以下列方式分配股权：同学B占股权30%，同学C占股权18%，同事D占股权12%，A本人占股权40%。该项目经营两年后，收益稳定，年净利润30多万元，A想做全职，但其他三人都无法全职。那么，A在做了全职后，该如何解决股权分配的问题呢？

在上述案例中,企业的几个创始人一开始都是兼职,随着企业的发展,需要投入更多的时间和精力,即如果合伙人中有转科全职,股权分配也就成为障碍。

A全身投入企业,其余三人却没有全力付出,却拿着与A一样的股权、平分着企业增长的红利,如此只能让企业难以发展。对于A来说,原来的方案不再公平与合理,应进一步调整股权分配。那么,该如何调整呢?与工资和奖金等利益不同,股权代表的是公司的长期利益,而且利害关系更大,超出了纯粹的经济和补偿性质,比如,对公司的决策权和控制权。只有调整好股权分配比例,达到合伙人都能接受的公平合理的水平,才是企业发展的长久之计。

如果企业有可分配利润,且创业者在全职后利润可以得到提升,那么就可以合理地向所有合伙人要求:如果在此后几个年度,公司利润因其全职而实现增长,超额或全部(100%)都要分配给该全职合伙人;分配给该合伙人的利润由其用于转增公司(注册资本)股本,直到兼职合伙人的总占股稀释到一定比例(比如10%)以下。

这种方式并不会伤害到其他兼职合伙人的利益,因为企业原有利润和自然增长利润都会继续按照股比分配,跟相应年度的股权比例对应。但是,因全职合伙人的投入而实现的利润增长等利益即使不进行分享,也是合情合理的。

当兼职合伙创业,在股权分配时,应如何做才能达到相对公平合理呢?

1. 核心控制者

任何初创企业都要设定核心大股东，核心大股东有几个特征：首先，占股比例相对较大，个人占股在51%以上；其次，拥有决策的最终话语权；最后，对创业充满激情、热情，并全力以赴。

2. 能者多股

其他股东可以分为：人力股、资金股。既出资金又出人力的占股就要相对较多；仅出资金不出人力的属于财务投资，占股就要相对少些……所有的这些都要根据企业性质来进行安排和分配。

3. 股份预留

一般要留出10%~15%作为预留，这样做的好处有三：首先，为后来加入的优秀人员预留，激励他们加入企业；其次，为初期团队贡献大的人预留，激励他们做贡献；最后，为将来团队的优秀员工预留，作为股权激励。此预留股份可以通过协议，先由核心大股东代持。

4. 股权代持

对于不太熟悉的或对能力不太了解的合伙人，可以采用股权代持的方法。

股权代持可以采用以下几种方式成熟，只要符合条件，就能在工商局登记：

首先，股份分期成熟。对于技术人员，可以采用分阶段、分期考核合格、分期成熟等方式。

其次，股份与业绩挂钩。对于与销售挂钩的人员，可以设定不同的指

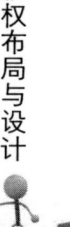

标,只要完成了指标,股份就会成熟。

最后,与贡献挂钩。创业初期,引进风投很重要。可以约定:引进500万元,奖励股份5%;引进200万元,奖励股份2%。还能约定:引进资金,允许现金入股,具体金额、比例根据情况而定。如果企业投后估值1000万元,引进200万元,投资方占比20%,就允许合伙人出资2万元,占比1%。

第二部分
股权激励

股权激励从入门到精通

股权激励定义及特点

什么是股权激励

股权激励,是激励对象与企业之间以股权为基础建立的一种激励约束机制,激励对象持有的股权与企业会形成以股权为纽带的利益共同点,分享企业的共同经营成果并承担风险。所以,股权不仅要激励,还要约束。股权激励的另一个定义是,为实现企业绩效目标而调动有雄厚资本、有辅助资源、有超高智慧、有超强能力的人的激励机制。

从本质上来说,股权激励是用社会财富、未来财富、员工财富在内部建立一套与利益相关者共赢的机制。股权改革不仅是一种经济行为,还是一种伟大的革命,有着深远的意义。俗话说,有恒产者有恒心。而在企业中,员工只是为企业工作,没有恒产,没有企业股份,自然不会产生工作一辈子的愿景和目标。

为了理解股权激励,举个简单的例子:

某人准备10:45去郑州东站乘坐到北京的高铁。如果能在10:45前赶到郑州东站，就乘高铁到北京做300人规模的演讲，挽回500万元的损失；如果赶不到，将损失500万元。由于时间紧迫，某人设想了两种能激发司机最大潜力以用最快的速度赶到车站的方法：

第一种，乘坐出租车去郑州东站，基本上需要花费100~150元。为了让司机开车更有劲，直接给他650元，要求他10:45之前赶到。

第二种，如果能在10:45之前赶到，就多给司机500元；没赶到，正常支付150元。

这个规则能够演绎出一种故事，一个叫激励，一个叫奖励。

激励是基于未来的贡献，奖励是针对过去的贡献。激励和奖励有什么区别？激励的效果会更好。

股权激励既有优点，也有缺点。股权激励策略虽然有利于留住优秀人才，但容易出现一个问题：不一定能留住优秀人才。股权不是万能的，但没有股权是万万不能的。

股权解决了组织中"给谁干"的问题。"给谁干"解决的是分享问题；"怎么干"解决的是赚钱问题。现实中，将股权用好的成功企业有很多，比如华为，就是通过给员工分配股权成功的。

很多人说，企业落地股权不会发挥任何作用。其实，企业发展不好，并不代表股权激励政策不行。不要否定股权，要多看自己的企业、产品、人、商业模式、营销方式等如何。忽视了这些因素，就无法让股权落地。

股权激励只是企业管理的一种方法，并不能根治所有的企业问题。别人落地股权就能发挥作用，你落地股权就无效，究竟是你的问题，还是股

权激励的问题？要好好寻找原因。记住，企业要成长进步，一定要不断完善经营管理制度，由内而外全面发展，如此才能获得真正的成长。

股权激励的作用有哪些

股权激励的作用主要体现在：

一、有利于建立企业利益共同体

一般来说，企业所有者与员工之间的利益并不完全一致。所有者注重企业的长远发展和投资收益，而管理人员和技术人员则受雇于所有者，更关心在职期间的工作业绩和个人收益。

二者价值取向的不同必然导致在企业运营管理中行为方式的不同，很容易发生员工为个人利益而损害企业整体利益的行为。实施股权激励，管理人员和关键技术人员就能成为企业股东，使他们的个人利益与公司利益趋于一致，有效弱化二者之间的矛盾，从而形成企业利益共同体。

二、有利于进行业绩激励

实施股权激励后，管理人员和技术人员成为公司股东，就能分享企业利润。经营者会因为自己工作的好坏而获得奖励或惩罚，这种预期的收益或损失具有一种导向作用，会大大提高管理人员、技术人员的积极性、主动性和创造性。

员工成为公司股东，就能分享高风险经营带来的高收益，有利于刺激其潜力的发挥。如此，经营者就会大胆地进行技术创新和管理创新，为了降低成本，就会采用各种新技术，提高经营业绩和核心竞争力。

三、约束经营者的短视行为

传统的激励方式，如年度奖金等，对经理人的考核主要集中在短期财务数据，而短期财务数据却无法反映长期投资的收益，因而采用这些激励方式，自然就会影响重视长期投资的经理人的收益，客观上刺激经营者的短期行为，不利于企业的长期稳定发展。

引入股权激励，对企业业绩的考核，不但需要参考本年度的财务数据，还要关注企业将来的价值创造力。此外，作为一种长期激励机制，股权激励不仅能使经营者在任期内得到适当的奖励，部分奖励还是在卸任后延期实现的。如此，为了获得延期收入，经营者不仅要关心自己业绩的提高，还必须关注企业的长远发展，进一步弱化其短期行为。

四、留住人才，吸引人才

实施股权激励计划，有利于企业稳定和吸引优秀的管理人才和技术人才。

实施股权激励机制，一方面，可以让员工分享企业成长带来的收益，增强员工的归属感和认同感，激发员工的积极性和创造性；另一方面，当员工离开企业或做出不利于企业的行为时，就会失去这部分收益，如此也就提高了员工离开公司或"犯错误"的成本。从这两个方面来看，实施股权激励计划确实有利于企业留住人才。

另外，股权激励制度还是企业吸引优秀人才的有力武器。股权激励机制不仅针对企业现有员工，企业还会为将来吸引新员工预留同样的激励条件，这种承诺会给新员工带来很强的利益预期，可以吸引大批优秀

人才的加入。

股权激励的基本原理

为了让员工关心股东利益,就要尽可能地使员工和股东的利益追求趋于一致。如何做到这一点呢?答案是股权激励。

让员工在一定时期内持有股权,享受股权的增值收益,并在一定程度上承担风险,可以使员工更多地关心企业的长期价值,有效防止管理者的短期行为,引导其长期行为。

股权激励的激励逻辑为,股权激励的方式是怎样传导和影响企业与个人价值提升的?关于这一点,可以从宏观和微观两个维度来理解。

一、从宏观角度来看

股权激励的作用被纳入到了企业治理结构、企业产品价值、企业资本价值、个人价值等的内核,对各种价值产生作用,能够形成相互影响的闭式循环。

首先,股权激励的对象。签订有效的股权激励契约,不仅能改变企业的治理结构,减少企业代理成本,还能让个人获得股权性收益。在经营过程中,激励对象会充分发挥自己的价值,调动各方面资源,提升企业产品价值;反过来,企业产品价值增大,整体业绩提升,也会带来个人绩效的增加。股权性收益能够提高个人价值,提升个人在市场的流动性溢价,企业虽然要为流动性溢价付出更多的激励成本,但也能获得更大的市场收益。

其次，治理结构的完善。通过具体的股权激励方式，整个股权市场、产品市场、资本市场、经理人市场都能有效地贯通和连接，形成一个相互影响的闭环。

二、从微观角度来看

一般情况下，股权激励的传导是通过激励对象的行为得以体现的。

首先，股权激励是代理人变为委托人的过程，这个过程分为两个阶段，行权就是前后的节点。在行权之前，激励对象一般都抱有强烈的激励预期，期盼行权后可以增加利益、提升个人价值，于是自然就会努力达成行权条件。如此，就能减少交易成本，增加营业收入，提高绩效。

其次，满足行权条件后，激励对象行权，就会由代理人变为委托人。基于产权的约束，也会努力提高业绩目标。同时，他们也会行使股东在控制权、投票权等方面的权益，继而影响企业的决策过程，优化治理结构。

股权激励的基本原则

作为一种先进有效的激励模式，股权激励在企业改革中发挥着不可替代的重要作用，但任何一种激励方式都有两面性，运用不恰当，就会起到反作用。因此，在制订股权激励方案之前，还需掌握以下原则：

一、依法合规原则

最基本的原则就是依法合规。2016年8月，证监会颁布了《上市公司股权激励管理办法》。这个管理办法，对公司股权激励的模式、授予权益的价格、授予程序以及其他方面都做了明确规定。违背了依法合规原则，

方案就无法备案或审批,还得接受证监会的处罚。

依法合规是股权激励方案、股权激励实施所应遵守的最基本原则。任何企业实施股权激励计划时,都要严格遵守国家关于股权激励、股份支付等在财税方面的法律、法规。任何激励方案,只要违反了法律规定、规范要求,在法律上可能都是无效的。不但不能达到股权激励的目的,还会给公司和激励对象带来不小的损失,为双方留下隐患。

二、股东选择原则

股东选择,要遵循下面几个原则:

(1)挑选真正的股东,因为这类人在治理结构的决策过程中发挥着重要作用。

(2)挑选真正的优秀者,使他们像股东一样思考。当然,不管是哪个层次,挑选的都是人,要参考知识架构、贡献度、未来前景等诸多元素。

(3)自愿参与,企业不能强迫员工参加股权激励。

三、动态分配原则

公司和激励对象的状态都是不断变化的,股权激励的方案也就不能一成不变。

首先,公司战略、战术目标的调整会对公司的组织结构、岗位价值权重、专业人员的薪酬造成一定的影响,企业在不同阶段,股权的分配要有不同的侧重。

其次,不同时期,激励对象适用于不同性质的人群,还会因为个人因素的变化而带来股权激励的变更。

最后，股权激励实施要根据实施的效果和发生的事件进行变更设计。

四、激励与约束结合

企业设计股权激励方案时，多数时候都要思考能否有效激励员工，能否充分调动员工的积极性。其实，为了实现股权激励的目的，不仅要考虑到股权激励方案的激励效果，更要注重约束机制的制定。

股权激励的实施，既要对激励对象进行激励，又要对其业绩目标和行为做好约束，保持权、责的对等，这就需要完善系列配套制度，既要设计工资奖金与长期激励相结合的薪酬制度，又要完善诸如资格认定制度、选聘制度和任期经济责任审计制度等机制。只有这样，才能保证股权激励的顺利实施。

股权激励从入门到精通

股权激励（一）：定目的

激励员工，利益捆绑

人力资源在企业中的作用是所有企业都不能忽视的。从激励团队成员的角度来看，对不同的人应采用不同的股权激励方式，使员工与企业之间的雇佣关系变为平等的合作关系，将员工的责任心与公司的兴衰成败紧紧联系在一起，形成利益价值同盟，调动员工的士气，为企业培养更多的优秀人才。

股权激励，不仅能给予员工巨额报酬，还能通过内在约束性和外在约束条件将员工的利益和股东的利益、公司的利益紧密捆绑在一起，形成"一荣俱荣，一损俱损"的新型战略关系。员工"侵犯"股东利益的典型行为共有四种：贪污腐败、在职消费、偷懒和短期行为，基于长期激励的股权激励，公司治理约束机制就能基本解决前两个问题。

员工获得股权激励的额度越大，日常经营中偷懒或不尽职的成本也就越大。这就是股权激励发挥的作用，即将员工的大部分薪酬与公司长期业绩或某一长期财务指标更为紧密地结合在一起，使员工能够分享企业收益，双方成为利益共同体，缓解股东和企业管理者之间的利益不一致问题，降低监控成本。

一旦公司对员工实施了股权激励，在行权前后都会对员工发挥较大的激励和约束作用。行权以前，员工是公司潜在的所有者，股权激励计划会把员工薪酬中的大部分变成一种未来获利的可能，员工要想将这种可能变为现实，需要付出更多的努力，实现公司资产的不断增值，在员工报酬与公司业绩、股东利益之间建立起一种正向关系。

员工工作越努力，公司的业绩越好，公司价值增长就越多，员工从股权激励中获得的利益也就越大。因此，员工只有在提高公司业绩、增加股东财富的前提下，才能同时获得收益。

行权以后，员工就具有了"所有者—管理者"的双重身份，个人收益来源也就变成了两种：①打工挣钱；②作为股东享有利润分红和资本增值。在这种情况下，如果员工的决策依然以个人利益为目标，失败的概率就会很大。为此，员工必然会自觉地减少不合理的在职消费、过度投机、管理腐败、偷懒和短期行为等。

提升业绩，约束人员

实施股权激励后，公司核心管理层和普通员工都会成为公司股东，具有分享企业利润的权利。通过利益共享，股权激励机制就能有效提高员工的积极性、提升员工工作效率、减少员工短视行为，进而达到提升公司业

绩的目的。

华为是中国民营企业的一面旗帜,其在通信设备行业的地位不可小觑。其实,华为从成立到发展至今也就只有20多年的时间,其成功是众多因素综合作用的结果,而早期实施的员工持股计划则是华为成功的最主要因素。华为1988年刚创立时,华为只有2.4万元资本,实施股权激励后,加快了发展速度,如今年产值已经过千亿元,成为世界500强的超大型企业。

对员工进行相应的约束,是公司治理激励与约束对等原则的具体应用。

股权激励的逻辑是:公司为员工提供股权激励计划→员工更加努力工作→公司业绩持续上升→公司价值持续增长→公司股价持续上升→员工获得持股分红和资本增值的收益加大。反之,员工不努力工作→公司业绩下降→公司价值贬值→公司股价下跌→员工获得的股权激励价值下降→员工放弃行权→员工的预期利益受到损失。

员工放弃行权,貌似不会出现经济损失,但任何一个股权激励计划都要求员工有3~5年的等待期,这样一来员工至少要损失5年的时间成本和精力成本,无形中提高失败成本。再加上各种附加的外在约束条件,因此在公司将股权送给员工的同时,也就相应地对他们造成了约束。

降低成本,分散风险

对于任何一家企业,现金流和人才流都是关乎生死的关键因素。

企业在发展初期，发展型企业一般都要面临资金短缺的压力。通过持股经营、奖励股份等激励手段，可以相应地降低员工工资、奖金等现金类报酬，不仅可以大大降低创业成本，还能使员工的努力与企业价值成长紧密联系在一起。

当然，股权激励也不一定能降低激励成本，仅将当前的成本延迟到3~5年后支付，只能暂时降低激励成本，减轻现金流的压力。比方下面的案例：

蔡崇信，现任阿里巴巴集团董事及首席财务官。

1999年，蔡崇信加盟阿里巴巴，马云给出的月薪只有500元，剩下的就是股权。而在这之前，蔡崇信是瑞典银瑞达集团的副总裁，年薪超过70万美元。蔡崇信的加入，让阿里巴巴撑过了电子商务的经济泡沫时期，拿到了软银资金，吃下了雅虎中国，甚至还让中国台湾中信辜家和富邦蔡家主动掏钱投资。因此，马云说："我最感谢的人是他！"

让员工分享企业成功的喜悦，同时也分担企业发展的风险，是公司治理收益与风险对等原则的具体应用。

与传统的工资和奖金制度不同，股权激励是一种长期激励性报酬，其实质是一种风险收入，就是让员工拥有一定的剩余索取权，同时承担相应的风险。

实施股权激励后，员工的收益来源于对公司未来的良好升值预期，但是，公司未来的发展既受到员工自身努力的影响，也受到许多不确定因素的影响。如此，员工既可能获得收益，也要承担来自不确定因素带来的风

险,因此,对员工来讲,股权激励的收益与风险并存。

股权激励的一个潜在作用是,可以激励风险厌恶型的员工从事股东偏好的高风险项目。因为股东和员工对待风险的态度完全不同:一般来说,作为投资者的股东,即使不是风险爱好者,也是风险中性者,他们的偏好能给自己带来收益巨大的投资项目。而对于员工来说,由于人力资本和个人财富的不可分割,所以多数员工都属于风险厌恶者。

在传统的薪酬制度下,员工一般都喜欢低风险的经营决策,不愿意选择股东偏好的、可能带来巨大收益的投资项目,因为高投资回报的项目往往意味着较大的失败率,且成功的收益完全由股东独享,而失败带来的个人职业价值损失却要由员工自己承担。

股权激励就是要让员工变成股东,拥有一定的剩余索取权,使员工站在股东的角度考虑问题,从而在一定程度上纠正这种风险规避行为。在股权激励制度下,员工很可能做出与股东同样的选择,因为,如果公司价值因高风险的运作获得了高收益,员工也能从中获得分红。

稳定员工队伍,留住优秀人才

股权激励的目的是留住优秀人才。为了将更多的优秀人才留下,企业采用的方法一般都是约束。所以,在邀请慧憬股权做咨询的时候,我首先会问客户:你为何要请我们做股权激励,想达到什么效果?你的战略目的是什么?是想留住稳定人才,还是想吸引人才?抑或想激励人才,提高业绩和利润?因为目的不同,所以采用的战术也就不同。

与传统的薪酬制度相比,股权激励其实是一种市场竞争性报酬。实施股权激励,有利于企业形成开放式股权结构,可以吸引和稳定更多的优秀人才。

股权对员工的吸引力远比现金报酬大,即使员工在行权后离开公司,也能通过股权来分享公司的成长收益。因此,真正具备企业家才能、对个人能力有信心的员工,一般都愿意接受股权激励制度,会主动选择股权激励占薪酬较大比重的报酬方案,会主动将自己的利益和企业的利益、股东的利益捆绑在一起。

企业高管人才之所以会快速流失,多半是因为觉得自己在现有岗位上无法真正发挥作用。股权激励是打造人才的"金手铐",能将经营者与经营者的利益捆绑在一起,从而吸引并留住优秀人才。

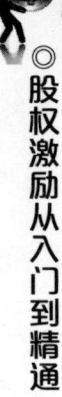

股权激励(二):定对象

确定对象

一、现有骨干

确定对象意味着什么呢?就是具体要激励谁。

公司在实施股权激励的时候,激励对象都会考虑董事会成员、高管人员和骨干员工。因为这些人都是公司重要的人力资本,公司的价值依赖他们去创造,因此要将他们对个人利益最大化的追求转化为对企业利益最大化的追求;也可以保持二者追求方向一致,让他们在分享企业利益增长的同时,更加关心公司的长期价值。

为了达到这一目的,就要对现有骨干授予具有高额价值的股权激励,让股权激励在其薪酬结构中占据大部分比例,使股权激励与传统的年薪和年终奖相比,具有黄金价值,将他们留住并激励他们为公司创造更大的价值。

同时,股权激励是有条件的,要通过股权激励的内在约束性和附加的外在约束条件对员工的行为进行约束。

与传统的薪酬制度相比,对现有骨干进行股权激励,也就等于给了员工一个具有黄金价值的激励,只不过这个黄金被打造成了"手铐"。"手铐"的一端铐在员工手上,另一端铐在老板手上,将双方的利益紧密捆绑在一起。

二、过去功臣

过去功臣指的是,在公司发展过程中立下过汗马功劳的人,现在个人能力跟不上公司的发展,需要退下来。对这些人,公司用不用给股权?要想回答这个问题,就不能从道德层面去衡量,而要从利益的层面来考虑。答案是:即使不讲感情只讲利益,也要对曾经立下汗马功劳的人进行股权激励。理由是:即将退下去的功臣曾经是公司的高管和核心骨干,他们手里掌握着公司的各种资源和机密,如果公司进行股权激励时忽视了他们,很容易引发两种情形出现:要么自立门户,跟公司对着干;要么投奔竞争对手,跟公司死磕。因此,即使基于利益的考虑,公司也要将这一群体作为激励对象。当然,目的不是留住他们,而是让他们退下来,因为只有他们心甘情愿地退下来,公司的发展才是安全的。

在中国公司中,70%的老板会给过去的功臣进行股权激励。但考虑的并不是利益因素,而是道德和感情等因素。不管怎么说,给他们股权,对公司就有利;反之,就容易出问题。

广东有个全国知名的童装企业,一直在谋求上市。2008年6月,公司聘请专业人员,花了两天的时间,将公司复杂的股权结构按照上市公司的

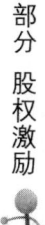

标准进行了梳理。之后，董事长和专业人员聊到了另一个问题：如何让总经理自愿退下来？

董事长多年前聘请了职业经理人，担任公司总经理，姓何，是湖南人。如果公司不上市，按照何总的能力，完全能一直干到退休。但是现在公司要上市，何总的能力就不能胜任总经理的职位了。比如，表达能力。上市公司的总经理需要跟媒体和公众打交道，虽然不一定需要具备演讲能力，但至少说话要让别人听得懂。何总到广东20多年，一直都在讲普通话，但他的普通话听起来特别费劲，根本无法与人正常沟通。董事长意识到这个问题后，决定在上市前后换人。

为此董事长制订了一个"备胎计划"，打算重新找一个符合上市公司要求的职业经理人来做总经理，然后将何总的职务变为常务副总。董事长如此决定的理由是，如果新来的总经理无法运营公司，何总还能顶上，可以有备无患。

看到这里，相信很多人都能明白这个所谓的"备胎计划"肯定不行！而且这根本就不是"备胎计划"，而是典型的"掐架计划"。原来的老总变成了常务副总，其下属也是由这个常务副总以前提拔上来的，如果不配合新老总的工作，新老总首先想到的问题就是——如何将常务副总干掉，自己彻底掌权！而不是如何与常务副总一起合作来开展工作。

对过去功臣进行奖励，不是为了将功臣留住，而是为了让他们安全退下来，因为只有让他们稳定了，公司才会安全。

三、未来人才

股权激励计划的目的是通过股权授予，使激励对象与公司的长期发展利益保持一致，使激励对象与公司形成利益共同体。原则上讲，对公司发展能起到关键作用的人员，都应划入股权激励对象的范围。

股权激励不是一锤子买卖，而是一个动态过程，要根据企业的发展情况对股权激励做一个长远安排，否则就会出大问题。

一家公司打算拿出25%的股份做一个股权激励计划，他们针对现有骨干人员和过去的功臣制订了股权激励方案，分发了25%的股份。

实施股权激励后，如果公司在未来5～8年内上市，就不会出现任何问题。但是，如果公司上不了市，就会出现股权激励的后遗症。10年之后，如果激励对象跟不上公司的发展速度，一些人就会带着股份离开，一些人可能从高管变成中层，而新来的高管是没有股份的，怎么办？公司必须再拿出25%的股份对新高管进行股权激励，而将自己的股份减少为50%。再过10年，同样的事情还会上演一遍，老板的股份就会变成25%。按照这样的逻辑，到老板退休之后，他就变成了小股东。这样的股权激励是没有任何意义的。

因此，股权激励对象的确定一定要和公司未来的资本战略结合起来。做股权激励的时候，老板一定要考虑到企业未来10年的资本战略：公司要不要上市？如果上市，要给VC和PE留多少股份？上市后自己需要持有多少股份？千万不要一次性地分完，要留出一部分在未来10年做股权来源贮备。

未来人才主要指的是下面3种人：

第一种是现在不在公司，随着公司发展需要引进的人才。

第二种是现在就是激励对象，但职位低、贡献小、获得的股权激励额度小，但如果未来成长起来，会成为公司的主要管理者，就需要追加股权激励的额度。

第三种是刚到公司的"苗子"类型人才，现在不用给股权，但一旦发展成为公司的中流砥柱，就要给人家股权。

记住，股权激励出现问题最多的一个地方就是目光短视，没有考虑公司的资本战略，将股份一次分红，忽略了后续发展的问题。

股权激励对象确定需要遵照的原则

股权激励对象确定需要遵照如下原则：

1. 公平公正原则

在确定激励对象时，一定要坚持公平公正的原则。一般来说，如果某类岗位被纳入股权激励计划，就要将该岗位上的员工全部纳入股权激励计划；在同等条件下，要给予同等待遇，原则上应一视同仁，不能厚此薄彼。否则，员工内部之间就会产生对立情绪，不利于公司的经营管理。

2. 不可替代性原则

股权激励的授予对象应是企业的核心员工。在衡量该员工是否为企业核心员工时，最重要的一个标准就是该员工在企业的地位或价值是否具备不可替代性。如果该员工的工作是其他员工无法接替的，或在现有人才市场难以招募到，或培养成本很高，该员工就是不可替代的。对于这类员工，企业就要给其进行股权激励，将该员工跟企业绑定在一起，为企业服务。

3. 未来价值原则

股权激励侧重于员工在未来对企业的价值创造，因此在确定激励对象时，要重点考虑对企业未来发展可能做出重要贡献的员工；如果企业急需的某类人才暂时短缺，那就要给这类人才预留股权激励份额。简言之，股权激励计划既要考虑现有骨干，又要考虑未来人才。

股权激励(三):定模式

激励和奖励的区别

股权激励和股权奖励都是非常重要的概念,因此一定要明确什么是激励,什么是奖励。

股权激励重在"激励"两个字,主要评判标准是基于未来的创造,而不是过去的贡献。基于过去的贡献,叫作奖励,而不是激励,两者不能混淆。

许多企业在做股权激励的时候,都要参考员工的现任工龄、职位等级、所处岗位、工作多少年应该获得多少股份等因素,但采用这种方式进行股权激励只能适得其反。

这种股份的分配方法,会让所有人都觉得不公平。因为所有员工都会觉得:我是部门最有能力的,我是对公司贡献最大的,没有人比我付出得更多……所有人都会认为自己的贡献最多,只能起到相反的效果。

最糟的是,有些拿到股权的员工会认为,该股权股份本来就是我该得的，你没给我就是欠我的，现在给我了，我没必要表示感谢。站在企业家的角度，如此只能是赔了夫人又折兵。权力下放了，股权分配了，利益共享了，却无法发挥好的激励效果。

股权激励的制度是表象，人性是根本，缘分是胸怀，错误的起点决定只能到达错误的终点。所以，一定要搞明白股权激励和股权奖励的区别，不然企业很容易走下坡路。

一、股权奖励与股权激励的区别

股权奖励与股权激励的核心区别：

（1）"奖励"着眼于过去的业绩，而"激励"则着眼于未来的绩效。

（2）"奖励"看重的是"公平均等"，而"激励"看重的是关键人物的关键作用。

（3）"奖励"致力于营造公平和谐的企业氛围，而"激励"致力于营造共同打拼、共同分享的企业境界。

（4）"奖励"以员工的职位高低和以往的贡献、表现作为依据，而"激励"强调的是前瞻性的效率和效果，致力于提升企业未来的经营业绩。

将激励看成奖励，就会助长员工金钱与行为的"现得利"的交换意识，不利于激发员工的长远行为和"为自己工作"意识的形成。

二、股权激励 ≠ 股权奖励

从本质上来说，股权激励是企业经营者对下属的一项长期激励制度。在这种制度安排下，经营者让渡部分股权，利用股权的长期潜在收益激励员工，就能促使其与所有者的利益保持最大限度的一致，保证企业财富的

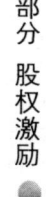

持续增长。

股权激励重在"激励"两个字,这种机制的主要评判标准是基于对未来的创造,而不是经营者对过去的贡献。如此,基于对过去的贡献,就叫作"奖励",千万不要混淆了"激励"与"奖励"的概念。

在企业内部导入股权激励机制,错把激励变成奖励,把股份分出去,不但无法取得预期的效果,反而还会比过去更差,使股权激励趋于失败。

激励方法

激励方法有很多,比如,给员工加工资,发奖金,奖旅游,奖车子,奖房子,还有股权。下面具体解释一下:

一、加工资

如果员工的工资是3000元,如何向他们卖未来?第一年是3000元,每年递增10%,第二年是3300元,第三年是3630元,第四年就是3963元,以此类推,依次递增10%。这个递增设计还能是15%或20%,具体的比例主要取决于企业。干得越久,工资越高。所以,要想用预期未来的手法吸引员工长久地待在企业,首先就要给员工加工资。

二、发奖金

慧憬股权不仅涨工资,还涨奖金,只不过针对的是职能类,不是销售类。怎么针对职能类?很简单,在慧憬股权干满一年的客服、财务和行政人员,都会享受到"干满一年多发一个月工资;干满两年,多发两个月工资;干满10年,多发10个月工资"的福利。

根据给公司创造价值的时间长短,也可以给员工多发奖金。也就是说,员工在公司干得越久,拿到的工资和奖金也就越多,员工就越不想走。但20个月奖金怎么发放?如果员工月工资是3000元,20个月的到年底就是6万元,这6万元工资如何拿,取决于年底绩效多少。如果年底平均绩效为70%,就只能拿4.2万元;如果年底绩效考核低于60%,就拿不到任何奖金,因为没有完成公司交给的基本工作。所以,即使发奖金,也要经过考核,奖金的发放一定要按照考核规则来进行。

三、奖旅游

对企业家而言一味地迷恋股权激励,只能导致一种结果:员工凭股权赚到钱后,也就没劲头干活了。企业家必须掌握一种本事,左手帮员工赚钱,右手帮员工花钱。只帮员工赚钱,没帮员工花钱,赚到一定程度,员工就没劲了。这是人之本性,要充分理解。怎么办?员工赚的钱,企业帮他花光,花光之后,员工会永远跟着你。

怎样帮员工花钱?首先,带团队,多体验。人需要放大格局,格局放不大,承载不了太多东西。什么叫格局放大?比如,要让员工花钱,首先要奖旅游。怎么奖旅游?如果公司女士比较多,一定要奖励他们去韩国旅游。如果公司高管比较多,就可以将他们送到迪拜。一个人不去那些地方就不知道多有钱,酒店最贵的一晚十几万元,一定要让他们住三五晚。同时,带他们买表,要让他们多看上百万元的,有了这种消费行为,才会有工作的动力。

举个简单的例子:

如果高管年薪200万元，每天穿100元的鞋、100元的衬衣，不是他的失败，而是企业的失败。员工都已经赚到这种程度了，还舍不得花钱，生活品质低，不是你的失败吗？因为你没放大他的格局。

奖旅游，如何奖？给父母奖金，为什么？自己不舍得花钱，但舍得给父母花，不管父母喜欢什么，儿子都会豪不犹豫地买。我们公司按照规定：成为冠军，老板会开着自己300万元的迈巴赫去接他的父母。村里虽然有很多有钱人，但没有一个孩子送父母去旅游。虽然村里有钱人多，但没人用这么贵的车去接父母的。所以，员工都非常渴望，一定要成为冠军。结果，到了年底张宁最终没能做到销售冠军，不过业绩也名列前茅，最后也开着其他车去接了他的父母，这让他非常开心。

旅行之前，老板送给他一句话："来年如果你取得冠军，就可以去迪拜旅行。"张宁一家人普吉岛旅游一圈，看到当地美得很，父母来年还想去迪拜，就说："小宁，我们明年还想去迪拜。"这时候，他就会给自己定个目标——努力干，争取成为冠军。

四、奖车

如果你家有女儿，一定给她买辆跑车。女孩一定要富养，开着敞篷跑车，普通男生都不敢追。我们是怎样做的？首先，第一年的公司冠军可以获得公司20万元的宝马车首付。20万元宝马车首付，分期三年付清，月供1万元左右。记住，公司支付首付，员工必须再给公司干满三年。年底回家，开着车，风光得很，村里人都会跟着他来公司上班，这叫自带流量。

其实，给员工买了车，基本上他也只是在回家过年的时候开，其他时间都不开，依然骑着电动车，为什么？停车费太贵，交不起，没必要。公司到家只有两步，还不如骑电动车或自行车。宝马车的用处只有一个，回家过年。之后，他一定会更加努力地工作，因为每个月要还1万元贷款，每个月最低得做出来10万元业绩，三年时间必须再做600万元的业绩，才养得起车。

五、奖房

奖励房也一样，如果技术人员很优秀，就帮他付首付买房，期权可能是5年或10年。

股权激励的三大类型

一、分红股

所谓"分红股"是指，股东不必实际出资就能占有公司一定比例的股份，俗称"干股"。

《中华人民共和国公司法》第35条规定：股东按照实缴的出资比例分取红利；公司新增资本时，股东有权优先按照实缴的出资比例认缴出资。但是，全体股东约定不按照出资比例分取红利或不按照出资比例优先认缴出资的除外。

假设出现这样一种情况：某公司注册资金1万元，在提交给工商局的《公司章程》中明确规定：A出资9900元并按照60%的比例分取红利，B出资100元并按照40%的比例分取红利，B的实际出资额只有1%，却按

照 40% 的比例分红，这种分红比例相当于 B 出资了 40%。

同时，《中华人民共和国公司法》第 3 条第 2 款规定：有限责任公司的股东以其认缴的出资额为限对公司承担责任；股份有限公司的股东以其认购的股份为限对公司承担责任。所以 B 在承担责任的时候，可能只承担 100 元钱的法律责任。

这种分红比例是按照法律规定写在《公司章程》中，并提交给工商局备案，所以这种所谓的"干股"也就是有法律保障的"干股"。

干股的取得和存在往往以有效的赠股协议为前提。赠股协议的效力属于股东之间的协议，对股东具有约束作用，赠股协议的内容也可以在章程上体现出来。由于股东并没有实际出资，因此股东资格的确认完全要以赠股协议为准，如果赠股协议出现可撤销、无效、解除等情况，干股股东自然就会失去股东资格。

干股股东享有的权利和义务是如何确定的呢？其中，股利请求权、表决权等由协议确定，但股东的义务尤其对外义务则由一般股东来确定，因为股东的登记具有对外公示性。

如果干股股东所受股份为瑕疵股份，一般情况下股份的受让者也要对股份的出资义务承担责任。但是，如果部分为瑕疵股份，部分为正常股份，就要首先认定获赠股份为正常股份，只有在不足的情况下，才能认定为瑕疵股份。

干股的取得和存在是以有效的赠股协议为前提的。干股股东通过公司股东变更，在工商局登记备案就会成为正式股东，完全享有股东的权利和义务。

取得干股的主要方式有下面3种：

（1）干股既可以在公司创设时取得，也可以在公司存续期间取得。如果股东在公司存续期间取得干股，公司并没有扩资，没有发行新的股份，原有股东所持股份比例将会随之下降。

（2）干股可能是附条件股份赠予，还可能是未附条件的股份赠予。附条件股份赠予协议中所附条件对股份的转让方和受让方产生约束力，在成就所附条件时，受让方取得或失去相应的股份。由于对所附条件是否成就可能存在异议，工商机关在登记变更时对该情况也很难认定，法院判决后，工商机关要依据法院的判决办理变更登记。

（3）干股的取得既可能是因为个人的技能或经营才能，还可能是因为其他原因。干股的效力如何，最终要根据赠予协议的效力和履行情况来确定。

二、期权

1. 期权定义

期权是指一种合约，按照这种合约，持有人在某一特定日期或该日之前的任何时间，都可以用固定价格购进或售出一种资产。

（1）期权是一种权利。期权合约至少涉及买方和出售方，持有人享有权利，但不承担相应的义务。

（2）期权的标的物。期权的标的物是指，选择购买或出售的资产，主要包括股票、政府债券、货币、股票指数、商品期货等。期权是这些标的

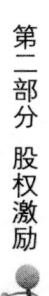

物"衍生"出来的，因此也称衍生金融工具。值得注意的是，期权出售方不一定拥有标的资产。期权可以"卖空"，期权购买人也不一定真想购买资产标的物。因此，期权到期时双方不一定进行标的物的实物交割，主要按价差补足价款即可。

（3）到期日。双方约定的期权到期的那一天就是"到期日"。如果该期权只能在到期日执行，则称为欧式期权；如果该期权可以在到期日或到期日之前的任何时间执行，叫作美式期权。

（4）期权的执行。依据期权合约购进或销售标的资产的行为，称为"执行"。在期权合约中约定的、期权持有人据以购进或售出标的资产的固定价格，称为执行价格。

2.期权的结算类型

（1）股票结算方式。在股票交易中，如果投资者希望买入一定数量的股票，就要立刻支付全部费用，才能获得股票。一旦买入股票后股票价格上涨，投资者要想获得价差利润，就必须卖出股票。因此，股票结算要求是：交易需要立刻用现金支付，而损益必须在交易结束后不再持有标的物时才能实现。在期权市场上，股票类结算方法与此非常类似。

股票类结算方法的基本要求是：期权费必须立刻以现金支付，并且只要不对冲部位，就无法实现盈亏。这种结算方法主要用在股票期权和股票指数期权交易中，期权合约的结算与标的资产的结算程序基本上一致相同。

（2）期货类结算方法。期货类结算方法与期货市场的结算方法十分相似，也采用每日结算制度。不过，期货类结算方法的风险较大，许多交易所只在期货期权交易中采用期货类结算方法，而在股票期权和股指期权交易中依然采用股票类结算方法。这样，因为期权及其标的资产的结算程序相同，期权交易的结算程序就能大大简化。

三、期股

期股是企业向经营者提供激励的一种报酬制度，其实行的前提条件是：经营者必须购买本企业的相应股份。具体体现在企业中，企业贷款被经营者作为自己的股份投入，经营者对其享有所有权、表决权和分红权。其中，所有权是虚拟的，只有把购买期股的贷款还清，才能实际拥有；表决权和分红权是实际的，但是分得的红利不能拿走，需要用来偿还期股。

要想把期股变实，必须把企业经营好，有可供分配的红利。如果企业经营不善，不仅期股不能变实，本身的投入都可能亏掉。

期股的最大优点是，经营者的股票收益无法在短期内兑现。股票的增值与企业资产的增值和效益的提高紧密联系，能够促使经营者更多地关注企业的长远发展和长期利益，在一定程度上解决经营者的短期行为。如今，年薪制加期股的激励模式已经得到越来越多企业的认可，并逐渐成为继年薪制之后对经营者实施长期激励的有效措施。

期股的第二大优点是，经营者的股票收益中长期化，经营者的利益获得是渐进的、分散的，能够有效解决经营者购买股票的融资问题。期股获得方式的多样化，经营者不必一次性支付太多的购股资金，就能拥有股票，以未来可获得的股份和收益来激励经营者更努力地工作。

期股激励运用得越来越广泛，但现在还没有可行的法律法规对这种激

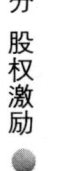

励方式进行约束。中小企业的股权激励方案设计得是否成功，关键在于股权激励能否帮企业打通企业战略、公司治理、资本运作、薪酬体系、绩效考核、企业文化等各模块的经脉，进而上升为老板治理公司的一套管控哲学，实现愿景与执行、组织规则与个人利益的完美对接。否则，股权激励方案必然会沦落为人力资源层面的薪酬制度。

股权激励（四）：定价格

股权定价三大策略

一、上策是买

交钱，是彰显人心是否在公司的唯一形式。如果员工心不在公司，一定不愿意交钱，即使给他股份，也没有意义，因为他根本就不想为公司付出。想为公司付出的，一定愿意交，交得越多，越愿意工作。

切记，必须让员工买股份。很多人说，我的员工没钱怎么办？使用以下谈话术，体验一下，员工就会产生一种感觉，那就是必须买企业股份。读一下：

把钱存入银行，回报率只有3%，非常少，还赶不上通货膨胀。现在已经有了《银行破产法》，存入银行100万元，银行倒了，只能拿到50万元，不一定百分百安全。存银行，家里就能富有吗？表弟结婚，向你借10万元装修房子，不借给他，感情上过不去；借给他，连亲戚都做不成。二舅的女儿上大学，要跟你借5万元；二叔的女儿出嫁，要跟你借3万

元……大家都跟你借,你能借得起?你只能说:"我们老板不是人,逼我们买股权,只有把货卖完,才能分红,实在不行,我把这些货卖完,再借给你。购买理财产品,回报率只有5%~10%,也不一定安全;炒房,周期太长,回报不确定;炒股,10个炒股9个亏,赚钱的永远是庄家。"

很多人说,交钱买企业股份确实不错,但员工没钱。可是,你认为他没钱,并不代表他真的没钱。

员工究竟有没有钱?先来做个游戏:

我是公司总经理,业务团队共11人。11个人每月只能做100万业绩,上不去,也下不来。设定一个游戏规则:如果8月份业绩能完成100多万,就拿多出的部分30%的营业额分给员工;如此,只要完成150万,就能分到15万。

15万如何分?11个人开始交钱,交得越多,分得越多。这时,就可以刺激大家共同努力完成150万业绩。分完钱后,再把交的钱原封不动地还回来。即使没完成,也会把交的2万、3万、5万、8万、10万、20万等原封不动地还回去。

制定了规则后,你打算交多少钱?一共106万。努力做业绩,能分到多少钱?这个月一共完成了约200万业绩,谁干活最起劲?交得越多,干得越起劲。假如员工本月做了200万业绩,能分到30万……这个方法就能测试员工有没有钱。你认为没钱,并不代表他真的就没钱。

二、中策是借

有个老板知道股权能够产生巨大的魅力,采取了一种折中的方法:借。员工想得到股权,但没有资金、没有技术,老板又想留住他们,双方就达成共识，最后就借出去了。

三、下策是送

有一个老板，经营了企业几年、几十年后，觉得当初跟自己一起打拼的员工都已不在状态。观察后发现，股权能让员工找回当初的热情。于是，这个老板大脑一热，没有经过详细的战略规划就傻乎乎地把"股"送出去了。结果，要想再收回来，就很难了。

人在哪儿，心未必在哪儿

人心善变，尤其是在今天更甚。然而《孙子兵法》有云："上下同欲者胜。"每个人都有自己的想法，各有各的打算，要想带领团队做长久，就会很难。

一、老板和员工之间是雇佣和被雇佣关系

雇佣关系之间，利益的关注点不一样。员工只有工资和奖金，公司挣多挣少和他没什么关系，挣多了老板也不会多分给他，挣少了老板也不敢不发工资给他。他们只关心分在自己碗里的东西够不够分量，至于锅里还有些什么，员工根本就不管，也管不着。利益的不一致必然会导致不同的行为表现。比如，员工每天只工作8个小时，而老板恨不能把24小时都用来工作；遇到问题或困难，员工会本能地找借口不去做或推卸责任，老板则会本能地找方法解决问题，甚至企业面临倒闭的时候，员工还可以轻松地转身离开，而老板却只有独自承担。

另外，双方利益的一致是信任的基础。当利益不一致时，老板和员工

之间就很难做到彼此信任,不仅语言苍白,即使把心掏出来,员工也未必会信。没有信任,相互之间也会如同隔皮猜瓜一样,猜不准各自的心。有一句话叫"钱在哪儿,心在哪儿",在这个世界上,人们能看到的最真实的就是钱,要用"钱"这个实实在在的工具把大家拴在一条绳子上,统一人心。

二、用股权统一个人利益和公司利益

在公司,如果个人利益和公司利益不统一,个体就会本能地只关注自己,表现上就是到点儿上班,到点儿下班,没有创造力、主动性和责任心。如此,就会让老板感到头痛,怎么办?最好的办法就是用股权把个人利益和公司利益统一起来。

可以采用自主经营的模式把部分经营权分给员工,让各自组织(小组或者部门)自主经营,共享其收益,而不是只有工资和奖金。把公司的利益和自组织的利益匹配起来,让每个人都为自己做,本质上也是在给公司做。比如,稻盛和夫的阿米巴经营、韩都衣舍的小组制等就值得借鉴。

也可以采用干股激励,根据业绩共享公司的利润,让关键人员享有股权对应的分红权,晋商的身股就是这样一种分红权。

在干股激励的基础上还可以增量激励,就是把比上年增加的多数利润分给员工,没有增加就不分,鼓励大家共同关注公司发展,创造更多价值。

不管是自组织,还是干股激励,都不需要变更公司章程。作为股权激励的第一步,可以积极尝试,尤其是针对分支机构、门店和短期项目。但这种模式最大的缺陷是：只能统一利益，不能共担风险，亏损了还是公司来承担，一旦外部环境的变化导致公司亏损，员工不仅不能和公司共担，还会选择离开。所以，只能在短期内使用，不能长期使用。

三、用股权统一近期利益和远期利益

不管是自组织还是干股激励，都只侧重于统一近期利益，不能和未来挂钩，而核心人员特别是高管更关注未来，如果看不到未来，他们会感觉不踏实。而且，如果只有近期利益，没有远期利益，不可避免地就会出现竭泽而渔式的短期行为。所以，要在自组织和干股激励的基础上再增加一部分股权激励，让他们看到未来。可以使用虚股激励、期权、股权认购、股权众筹等方式，让员工享有对应股份的未来增值权，把公司和个人未来的利益统一起来。

虚股发展到一定阶段可以转成普通股，也可以不转，转或不转都能实现近期利益和远期利益的统一。但是期权、股权认购、股权众筹等方式最大的缺点是：需要修改公司章程，程序比较麻烦，如果不小心遇到小人，还会带来无谓的痛苦和消耗。

远期利益一定要和业绩挂钩，特别是增量业绩。没有增量，即使有股份，也没有对应的分红权。如此，才可以让他们既有安全感，又有使命感；既能鼓励他们不得不拼命为公司创造价值，又能防止他们偷懒、坐享其成。

近期利益和远期利益的统一主要是针对核心层，他们把青春押在这里，公司就应该让他们看到未来。但是，这需要一个过程，需要在公司

成熟的时候再采取这种模式,刚开始可以通过代持干股或经营权共享来进行。

四、统一了利益就会统一人心

当公司和员工的利益保持高度一致时,也就能统一人心了。

利益一致,彼此就能产生信任,老板和员工之间就容易建立起信任。信任是管理的基本要素,有了信任,沟通就会变得简单很多,沟通成本也就降低了,效率也会提高,在这个基础上推行组织的扁平化、去中心化,也会相对容易,公司的文化建设也会变得简单,所有的这一切都源于利益的一致性。

利益一致,也很容易实现员工,特别是高管和公司之间的共创共享共担。让各人发自内心地给企业工作,把曾经的不可能变成可能,变成人心所向,不再需要众多监督,不再出现损公肥私的不道德行为。

钱在哪儿,心一定在哪儿

股权激励不能白送,一定要让激励对象适当出资。因为钱在哪儿,心就在哪儿。

向员工宣讲股权激励方案的时候,没跟员工讲清楚股权的作用,员工对于股权激励的作用就无法搞清楚,这时还要让他们出资认购,效果必然不好,只能迎来员工的抗拒。

员工不清楚股权激励的作用,对股权认知不明,就会感到很纳闷:既然是激励,为什么还要自己出钱买?对于很多企业来说,股权认购出资金额并不低，所以遭到员工抵触也很正常。

为什么要让员工出资认股？原因共有四个：

1. 诱惑加鞭策

有些老板很豪气，喜欢送员工股份，尤其是对于一些老员工，总会无条件地赠送股份。如果员工不出资，就可以获得股份，将来行权的时候，他只会有收益，不会有损失。这样，对于他们的工作动力来说，只有诱惑力，没有鞭策，激励效果就会大大降低。

2. 趋利避害

趋利避害是所有生物的一种本能，人也不例外。而且，同等损失带来的痛苦比同等收益带来的快乐能持续更长时间。行为经济学家查德·泰勒认为，初始状态对于人们行为的选择具有很重要的作用。在相同情况下，人们对自己已经持有的资源更加看好，不会轻易放弃。所以，员工在出资认购企业股权之后，便不会轻易离开企业，只能增强归属感和认同感。

3. 好员工的筛选机制

对于激励对象的选择，员工出资也有一定的好处，可以帮助企业家甄别什么样的员工才是合适的股权激励对象。愿意出资的员工，在一定程度上代表员工对企业有信心、对老板有信心、对企业未来发展有信心，才会出资认购。如果员工不愿意出资，只能说明或代表他根本就不想长期与公司荣辱与共。

4. 增加员工股东身份

股权激励的主要目的就是，希望员工有主人翁意识，激发他们的主观

能动性。员工不仅在为企业出力，还是公司股东，身份上的转变会让员工的心理状态产生很大的转变，降低为他人打工的心理；他们会综合考虑各种情况，认清自己和公司坐在了同一条板凳上，更容易实现从员工到股东的身份转换。

确定股权激励定价主体

在理论界，确定股权价格一般有下面三种方式：

一、双方协商

先由公司和异议股东双方协商，如果在一定时间内双方无法协商一致，异议股东就可以向法院提出起诉，要求法院确定股权价格。

二、章程约定

由章程事先约定股权价格或计算股权价格。有限责任公司的章程是由有限责任公司的股东共同制定的，是有限责任公司的"宪章"，只要法律未禁止的事项都可以在章程中规定，章程的规定也要尽可能地体现出所有股东的最大利益需求。

为了避免在公司运作过程中出现股东退股纠纷无法和平解决的问题，股东可以在公司章程中写入退股的股权价格或计算股权价格的方法。该价格既可以是一个固定价格，也可以是一个变动的账面价值，还可以是一个确定价格的计算方式。

三、第三方评估

所谓第三方评估就是，由法院或公司确定的有相关资格的第三方单位对该股权价格加以评估。有资格的第三方单位，既包括资产评估机构，也包括公司单方面的评估和司法评估。

评估的依据和方法比较多，比如，公司的资产价值、公司投资者的收益价值、股票的市场价值等。这种方法对于退股股东股权价格的确定比较公平合理。

股权激励的定价方法

现在股权激励很火，关于股权激励的定价，各有各的说法，常见的定价方法有：

一、免费，员工无偿取得

比如，明星电缆在2003~2008年期间实施了5次股权激励，都是免费赠予员工，并附加工作5年的条件。直到2010年实施的股权激励，才让员工按净资产价格购买，且不再附加工作5年的条件。这种方式留下了更多的忠诚员工。

二、按注册资本定价

按注册资本定价的意义是：员工与创始人按同样的价格获得股权。员工与创始人的差别在于：创始人获得的股权可能是50%，而员工获得的股权可能是0.5%；创始人有控制权等各种权利，员工只有财产权，没有其他权利。公司要不要采用注册资本定价，取决于创始人的态度。

如果公司无法按净资产计价，还没获得融资，意味着公司还没被投资者认可或投资者给的估值过低，公司不愿意接受，这种情况下按注册资本

定价,对员工比较安全,毕竟公司能获得多少估值还没经市场验证,未来的前景还不确定。

三、按净资产价值定价

对于重资产的企业,按净资产价值定价是比较市场化、比较公平的一种定价方式,而且员工进入和退出都按净资产定价也比较容易操作,不易发生纠纷。

比如,周黑鸭2012年6月实施的股权激励,由投资者按净资产价格给员工持股平台转让股权,远低于融资估值。但周黑鸭并不是传统的重资产公司,其更接近轻资产公司。原因是他们的产品卖得比别人贵,已经包含了品牌溢价在内的无形资产价值。如果净资产没体现品牌价值等无形资产价值,按照净资产价格做股权激励,就会给员工带来较大幅度让利。

四、按净资产价值的折扣定价

对于重资产公司来说,按净资产价值定价相当于等价交换,是一种纯粹的商业交易,员工与企业之间互不相欠。员工有没有兴趣参与,取决于他们对公司未来增值可能性的判断。如果企业希望增加对员工的吸引力,就要按净资产价值的一定比例折扣定价,并附加一定条件。具体的折扣比例,取决于创始人的取舍和员工对未来预期的判断,没有固定标准。

五、按融资估值定价

对于互联网企业或轻资产公司,企业的主要价值不是有形资产而是无形资产,而无形资产却无法进行客观估值,采用净资产计价,也就相当于给员工较大让利。

轻资产企业融资比较常见，在创始人或员工都无法对无形资产估值的情况下，投资者在这方面的判断可能更专业，可以将投资者给出的融资估值作为市场价格来参考，而融资估值已计算出了无形资产的价值。但投资者按融资估值进来时，通常都会要求随售权、连带并购权、优先清算权、反稀释权、重大事项一票否决权等特殊权利；有的投资者还要求，如果公司不能限期上市，创始人要按"投资额＋年化收益率8%~10%"的价格回购股份，要求保本，还要获得理财产品收益。

所以，按融资估值做股权激励，员工只能按投资者的价格购买股权。如此一来，无任何投资者的特殊权利，就无法引起员工的兴趣，也就无法真正发挥激励的作用。

六、按融资估值的折扣定价

对于轻资产公司，除了前面的几种定价方法外，还可按照融资估值的一定折扣来定价。具体的折扣比例取决于创始人的胸怀和员工对预期的判断。折扣高，扣除投资者的特权因素，也就相当于员工按市场价格购买。

股权激励怎么定价合理

随着从雇佣制向合伙人制的发展，越来越多的企业已经意识到实行合伙人制对于促进员工与企业共创事业、共担风险、共享利益，激发员工潜能、转变员工心态方面存在的意义，而股权激励作为实施合伙人制的一种落地工具，也备受企业家的关注。

在对员工进行股权激励的实践中，不论是授予员工期权还是限制性股

权,最常见的一个问题就是员工取得激励股权如何定价,法律有没有强制规定,以及激励股权定价有什么样的税务后果。

股权激励项目的顺利推行,不仅依赖于老板的决心、企业发展、方案细节设计、落地实施等,还与股权激励定价存在紧密关系。股权激励定价决定着激励对象获得股份的成本,决定着激励对象的参与意愿,还决定着激励对象未来的股份收益。那么,如何进行股份定价,既能激发股权激励对象的参与意愿,又体现出较强的激励力度呢?

一、正确标价

在实施股权激励过程中,必然会出现大量的关于股份数量、价格、条件等方面的分歧。因此,从心理角度来讲,股权激励价格的具体设计是股东和员工心理博弈的结果,如果双方没有共赢意识,就很难促成统一。

一旦因定价而无法达成一致意见,股东就会认为,公司的发展非常稳健、未来的发展明显可期、以较低的价格授予员工股份对原股东成本过高……如此,自然就会在股份定价上以更高的价格授予股份;激励对象认为价格过高,就体现不出股东的诚意,激励力度也会先天不足。

关于股权激励的定价,有的企业认为有标价和出价的区别,标价就是:股权激励的每股价格=公司估值÷总股本。对于中小企业来说,总股本即注册资本,标价的关键在于公司估值的确定。

公司估值的确定可以选择基于资产、收益、市场的估值方法,其中基于资产的估值方法包括:账面价值法、资产评估法等;基于收益的估值方法包括:现金流折现法、市盈率法等;基于市场的估值方法,包括市场交易类比法等。

公司估值是一门科学，也是一门艺术，与估值的目的、行业、资本市场的定价、成长性、流动性、企业特点等有很大关联。根据企业特点，通常重资产企业的公司估值，会在净资产定价的基础上有一定的折扣；而轻资产企业的公司估值，相比净资产有一定的溢价。如果根据投资收益定价，企业投资收益率就不能低于10%，否则从投资层面考虑，激励对象参与的必要性就会打折；超过50%，容易造成过度激励，继而出现激励对象投机的问题；如果存在资本溢价的收益，激励对象的投资收益就不能低于5年5倍的标准。

二、如何出价

所谓出价是指，在实施股权激励计划时，激励对象实际购买股票的价格。相对于标价，出价通常存在折价、平价、溢价等三种情形，折价又分为无偿赠送、1元/股、以每股出资额定价、以一定折扣定价等方式。

根据企业的项目实施经验，为了体现激励力度，提高激励对象的参与意愿，采用的方式为折价或平价方式。采用折价的方式，可能存在"打折"或"送股"的做法，实操中，对同样的价格，采用"送股"的做法，能更有力地激励对象的积极性；而以出价作为最终定价（即平价），多数都出现在按净资产定价的方式，主要应用于有一定经营规模、具有稳定盈利能力的企业。

总体来说，股权激励定价应该把握下面几个原则：

首先，同一批股票价格应该同股同价。《公司法》第126条第2款规

定"同次发行的同种类股票,每股的发行条件和价格应当相同",为股份定价提供了一定的参考。

其次,在公司不亏损情况下,后续授予股份的价格比前面批次授予股份的价格高。如果企业有净资产增值,企业股票存在增值收益,为了体现对现有股东的公平性,后续授予股份的价格就要比前面批次授予股份的价格高一些。

股权激励（五）：定量

合理设定股权激励总量

对于一般企业，股权激励的总量多数都处于总股权的 10%~30% 之间，15% 是个中间值。

一、多种元素

股权总量的设定，要结合公司的具体情况，参考以下几个方面来综合确定。

1. 公司规模

如果公司的规模较大，代表公司盈利稳定、营收体量大，即使股份少，获得的收益也并不少，股权激励的总量则设定偏小。

2. 发展目标

确定股权激励总量时，还要充分考虑公司设定业绩目标实现的难易程度。如果业绩目标比较高，达成的年度目标难度较大，激励总量也要定得更大一些。

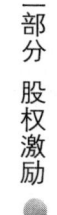

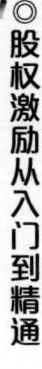

3. 薪资水平

确定股权激励总量时，还要考虑自身的整体薪酬水平。一般来说，薪资水平比同行业高，则激励总量可以少一些。当然，如果遇到薪资水平和激励数量双高的公司，员工多半也会死心塌地地为公司工作。

4. 股东意愿

股权激励涉及企业现有股东的权利，因此激励总量的大小与股东意愿有很大的关系。在大量的激励案例中，股东意愿是股权激励总量甚至其本身存在与否的一大决定因素，股权愿意让渡权利的数量直接决定着激励总量的空间。

二、坚持原则

股权总量设定的原则主要考虑这样几个方面：

1. 考虑企业的控制权及整体的资本战略

实施股权激励必然会稀释原有股东的控制权，为了免除"因股权稀释而失去对公司的控制"的担忧，在设计股权激励方案时，就要考虑到创始人股权稀释的问题。尤其是在未来多轮融资后，创始人的控制权依然需要得到保障。

2. 考虑企业的性质或类型

对人力资本依赖性较强的企业，更加需要通过股权来激励人才、留住并吸引人才，所以给予员工的股权激励总量一定要大；反之，如果企业对人力资本的依赖性不强，给予股权激励的总量则不用太大。

3. 考虑企业的整体薪酬水平及福利体系

在确定激励的总量时，要考虑到公司现有的薪酬及福利水平，使由股权激励而得的收益与现有的薪酬水平相互协调、补充，并真正发挥出股权激励的效用。

4.考虑企业的规模

一般来说，规模较小的企业，可以拿出较大比例的份额用于股权激励，因为只有较大的股权比例才能让激励对象获得足够的股份数量，起到激励作用；而与规模较大的企业相比，只要付出较小比例的股份，就能使激励对象获得较大的股份数量。

5.考虑企业的发展目标和未来规划

股权激励计划与公司的发展目标需要保持一致。如果公司需要通过股权激励来实现一定的市场目标，可以授予员工较多的股份数额，激励员工与公司共同成长并达成目标，同时让员工分享到公司的发展收益。

恰当分配股权激励个量

股权激励最终要落实到个人，各激励对象的特点各不相同，所以需要的激励力度也不一样。

一、多种因素

确定单个激励对象的额度时，通常要考虑以下几个因素：

1.薪酬

单个股权激励对象的额度一般都是根据其实际能力、对企业的重要性程度来确定，基本上跟其薪酬水平的考量标准差不多。因此，激励额度也

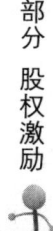

要与其薪酬水平相适应,薪酬倒挂,反而会影响员工的心态。不过,也可以让员工选择,是拿"高工资+低期权",还是"拿低工资+高期权"。

2. 公平

(1)地位公平。激励额度需要合理分配高层管理人员、中层管理人员、核心技术骨干所占股权份额的比例,高管所占比例应该相对较高,但也不能过高,否则很容易成为"极少数人的游戏"。

(2)标准公平。同一激励方案,同一考量尺度,需要对所有激励对象一视同仁,如果出现同一标准下的区别对待,很可能会直接影响激励效果。

3. 贡献

授予额度时,为了体现出区别性,要按照激励对象对企业的贡献度大小与重要性来确定。

最后,如何将上述因素具体到确定的额度数字?最简单的方法就是设权重系数。比如,以工龄、岗位、业绩等来计算个体激励额度,即计算个人系数=工龄系数×工龄权重+岗位系数×岗位权重+业绩系数×业绩权重。

其中,各类权重之和为100,最后可得出个人所获激励额度=激励总量×(个人系数/总系数)。

二、把握原则

1. 注重公平

为了体现激励计划的公平,不仅要将应该纳入股权激励计划的员工纳入,还要合理分配激励对象的具体激励份额分配。各激励对象具体能获得的股权数量，应该按照其对公司的贡献大小和重要性来确定，要体现出一定的差异。

2. 激励对象的自身价值

激励对象的不可替代性越高，则自身的价值越大，应向激励对象授予的股份数量越多。同时，公司业绩对激励对象的依赖程度越高，则应授予的股权激励份额也就越多。

3. 激励对象的业绩表现及历史贡献

激励对象的业绩表现越好，对公司的贡献越大，授予的股权激励份额就越多。

4. 激励对象的工作年限

通常情况下，激励对象在公司工作年限的长度和学历也是确定授予股权激励份额的一个重要考量因素。

5. 激励对象的接受程度

具体授予员工的激励份额，需要与本人沟通确认，需要考虑个人的看法或接受程度。

需要注意的是，为了便于股权激励计划的实施和定量，公司应不断完善自身的薪酬体系和绩效考核体系。在具体实践中，激励份额的确定对应的是岗位，不能因人的因素而影响股份的分配。如果有必要，可以在事后调整激励对象的职务，重新确定分配的股份数量。

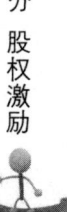

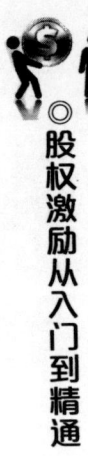

股权激励（六）：定机制

进入机制

一、什么人才是合伙人

公司股权的持有人，主要包括合伙人团队（创始人与联合创始人）、员工与外部顾问（期权池）与投资方。其中，合伙人是公司最大的贡献者与股权持有者。

既有创业能力，又有创业心态，有3~5年全职投入预期的人，更容易成为公司的合伙人。这里需要说明的是，所谓合伙人就是，在公司未来一段时间内能全职投入预期的人，因为创业公司的价值需要经过所有合伙人的努力一起来实现。因此，对于中途退出的联合创始人，在从公司退出后，不能继续成为公司合伙人，更不能享有公司发展的预期价值。合伙人之间是一种长期、强关系的深度绑定。

二、哪些人不能成为合伙人

请神容易送神难，创业者应该慎重按照合伙人的标准发放股权。那么,哪些人不能成为合伙人呢?

1. 资源承诺者

创业者在创业早期,可能需要借助很多资源来为公司的发展起步,最容易给早期的资源承诺者许诺过多股权,把资源承诺者变成公司合伙人。创业公司的价值需要整个创业团队长期投入时间和精力去实现,因此对于只是承诺投入资源,但不是全职参与创业的人,可以优先考虑项目提成,也可以谈利益合作,而不是股权绑定。

2. 兼职人员

对于技术很牛,但不全职参与创业的兼职人员,最好按照公司外部顾问标准发放少量股权。如果一个人不全职投入工作,就不能算是创始人。如果某人一边从事其他工作,一边帮公司干活,就只能拿工资或工资欠条,但是不给股份;如果创始人一直干着某份全员工作直到公司拿到风投,然后辞职全职来公司干活,跟第一批员工相比,也就好不了多少,毕竟他们并没有冒跟其他创始人一样的风险。

3. 天使投资者

创业投资的逻辑是:投资者投大钱,占小股,用真金白银买股权;创业合伙人投小钱,占大股,通过长期全职服务公司赚取股权。简言之,投资者只出钱,不出力。创始人既出钱(少量钱),又出力。因此,天使投资者股票购股价格应当比合伙人高,不能按照合伙人标准低价获取股权。这种状况最容易出现在组建团队开始创业时,创始团队和投资者要根据出资比例分配股权,投资者不会全职参与创业或只投入部分资源,却占据团

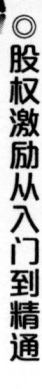

队过多的股权。

4. 早期普通员工

给早期普通员工发放股权，不仅会提高公司的股权激励成本，激励效果也会有限。在公司早期，给单个员工发5%的股权，很可能就无法对员工起到激励效果，甚至认为公司是在忽悠、画大饼，成了负面激励。但是，如果公司在中后期（比如，B轮融资后）给员工发放激励股权，很可能只要用5%股权就能解决500人的激励问题，还能取得不错的激励效果。

考核机制

对于中小企业来说，业绩考核机制可以用在各个环节。根据实践经验，业绩机制的设置可以作为激励对象标准的确定条件、激励对象行权或解除限售条件、激励对象持股期间再激励的条件、激励对象减配或回购的条件。

1. 股权激励的准入门槛

实施股权激励，激励对象的确定标准考虑最多的是职级(岗位层级)、年限和绩效。绩效是员工成为激励对象的门槛条件，公司实施股权激励，通常都要求激励对象最近一年或几年的年度绩效水平处于合格甚至良好以上。

2. 行权或解除限售的触发条件

股权激励的期权模式通常存在两种形式：一次授予分批行权和分次授予一次行权。其中，行权期的行权条件以业绩机制达成情况为依据，而且业绩机制还包括公司和个人的双重条件。采用限制性股权的激励模式也是同样的道理。

3. 增配股份的依据

为了持续激励员工，对于绩效表现优秀的员工可以增配股份，但增配股份的逻辑也要拿业绩来说话。

4. 减持股份或注销资格的依据

股权激励永远都跟绩效结合在一起，当激励对象业绩不达标时，个人所持股份可以根据机制做出下调，甚至取消激励资格。同时，在收益方面，可以根据退出时点，体现出一定的差异性。

约束机制

为了防止员工做出有损公司利益的行为，保证公司的健康发展，企业可以通过法律法规、公司规章制度、内部控制管理系统等，构建良好的控制约束机制。当然，约束机制和激励机制应当相辅相成，一方面激励员工更加勤勉负责，另一方面也要对其某些行为加以约束，防止意外风险的发生。

退出机制

合伙人股权的退出机制，如同婚姻中的离婚机制。举个例子：

有四人一起合伙创业，进行到1年半时，合伙人甲与其他合伙人不合，遇到了更好的机会，提出离职。但是，大家却不知道如何来处理甲持有的公司30%股权。

甲说，我从公司成立就开始参与创业，既有功劳，又有苦劳；《公司法》也没有规定，股东离职必须退股；章程也没规定；合伙人之间也没签署过其他协议，股东退出得退股；合伙人之间自始至终就离职退股也没做过任何沟通。因此，他拒绝退股。

其他留守合伙人说，他们还得把公司像养小孩一样养5年，甚至10年。你打个酱油就跑，不交出股权，对继续参与创业的其他合伙人不公平。

双方互相折腾，牵扯不断。

创业企业该如何制定好合伙人股权的退出机制？在公司发展过程中，总会遇到核心人员的波动，特别是已经持有公司股权的合伙人。一旦他们退出团队，如何处理手里的股份，才能不会因为合伙人股权问题而影响到公司的正常经营。

1. 管理好合伙人预期

给合伙人发放股权时，不仅要进行深度沟通，还要管理好大家的预期。

合伙人的股权获得，主要基于大家长期看好公司的发展前景，愿意共同参与创业；合伙人早期拼凑的少量资金，并不是合伙人持有股权的真实价格。股权的主要价格是，将所有合伙人与公司长期绑定（如4年），为公司进行长期服务去赚取股权；不设定退出机制，允许中途退出的合伙人带走股权，看起来似乎对退出合伙人很公平，其实却是对其他长期参与创业的合伙人最大的不公平，还会让他们失去安全感。

2. 游戏规则落地

在一定期限内（如1年之内），约定股权由创始股东代持。

约定合伙人的股权和服务期限挂钩，股权分期成熟，比如，4年。

股东中途退出，公司或其他合伙人有权用股权溢价回购离职合伙人未成熟或已成熟的股权。

对于离职不交出股权的行为，为了减少司法执行的不确定性，要约定好离职不退股的高额违约金数目。

3. 提前约定退出机制

提前设定好股权退出机制，约定好在什么阶段合伙人退出公司后，要退回的股权和退回形式。创业公司的股权价值是所有合伙人持续为公司提供服务赚取的，当合伙人退出公司后，其所持的股权应该按照一定的形式退出。一方面对于继续在公司里做事的其他合伙人更公平，另一方面也便于公司的持续稳定发展。

4. 中途退出，股权溢价回购

退出的合伙人的股权回购方式只能通过提前约定退出，退出时公司可以按照当时公司的估值对合伙人手里的股权进行回购，回购的价格可以按照公司的估价适当溢价。

5. 设定高额违约金条款

为了防止合伙人退出公司却不同意公司回购股权，可以在股东协议中设定高额的违约金条款。

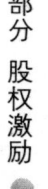

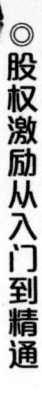

回购机制

从严格意义上来说，股权回购是指，有限责任公司回购股东所持有的公司股权。关于公司回购股权（份），我国《公司法》《上市公司回购社会公众股份管理办法》（试行）等相关规定均有涉及。

我国《公司法》规定，股份回购只能是购回并注销公司发行在外的股份的行为。

有限公司股东请求公司回购股权的法定情形：

《公司法》第74条规定，有下列情形之一的，对股东会该项决议投反对票的股东可以请求公司按照合理的价格收购其股权：

公司连续五年不向股东分配利润，而公司该五年连续盈利，并符合本法规定的分配利润条件的；

公司合并、分立、转让主要财产的；

公司章程规定的营业期限届满或章程规定的其他解散事由出现，股东会会议通过决议修改章程使公司存续的。

自股东会会议决议通过之日起60日内，股东与公司不能达成股权收购协议的，股东可以自股东会会议决议通过之日起90日内向人民法院提起诉讼。

通常来说，股权回购对公司、其他股东以及公司债权人都会产生较大影响，因此回购一般要经过董事会审议、股东会等多数人表决通过。根据《公司法》的规定，异议股东的股权回购权行使包括协议回购和诉讼回购。

1. 协议回购

有限责任公司召开股东会审议《公司法》第74条规定的决议事项，对该事项投否定票的股东可以行使股权回购请求权，请求公司按照合理价格收购其股权。

股东会决议通过后60天内，异议股东同公司协议回购股权，协商成功的双方签订书面协议，由公司按照合理的价格收购股权。协议回购是当事人自治的表现，对持有股权的数量和时间不做限制，应当尊重当事人的意见。

2. 诉讼回购

有限责任公司异议股东就股权回购与公司达不成协议的，可以直接起诉公司，要求公司买回股权。根据《公司法》规定，股东可以自股东会会议决议通过之日起90日内向人民法院提起诉讼。关于诉讼回购，只有协议回购失败，才可以提起。协议回购是诉讼回购的前置程序，以下几个问题需要注意：

（1）原告资格。诉讼中异议股东是原告，公司是被告，异议股东提起的是给付之诉。法律对异议股东提起诉讼时持有股权的时间和数量没有要求，但对原告的资格加以限制，原告必须是实际交缴出资并持有股权的异议股东，如果是干股或挂名股东，就不能享有诉讼权利；没有出资，很容易产生不当得利。

（2）诉讼期限。关于诉讼时限问题，《公司法》规定是90天。该时间相对较短，90天期限是指，在除斥期间，不因任何事项中止、中断或延

长。如果股东在90日内没有提起诉讼，其依法享有的回购请求权将不存在，不能再主张。关于90日的起算点，一般从股东会决议通过之日算起，但如果股东因公司没有通知而不知道股东会决议的通过，则可以从知道股东会决议内容之日开始计算。关于回购的价格问题，《公司法》只规定按合理的价格回购，这是一个原则性规定，该价格应当以协议价为主。

（3）回购后的处理。有限责任公司回购股权后，要及时做出相应的登记变更：法律规定公司应当在发生回购事件后的10日内进行注销登记，对于不能注销的应当以转让的方式进行；如果在3个月内不能处理，则应当进行注销登记，注销后还应当进行重新验资，并进行工商注册登记备案。

股权激励(七):落地

选择专业人士进行初步诊断

从本质上来说,股权激励就是要建立一套优胜劣汰的用人制度。在经济比较发达的美国,股权激励一般都由专业人士操作,因为律师是专门从事法律工作的,对国家法律法规和政策有比较准确的理解,对公司常见的各类股权纠纷司法判例也比较熟悉,可以准确地用法律语言设计股权激励方案、协议、考核办法和其他相关法律文件,提前防范法律风险,将公司股权激励的意图落到实处。

目前,公司股权激励比较成熟的经典模式和制度设计,几乎都是由欧美优秀的专业人士根据自身的专业特长和执业经验首创。中国市场经济制度和依法治国政策的确立时间比欧美国家要晚几百年,许多理想的制度还在学习消化阶段,专注公司股权激励业务的律师越来越多。

在过去十多年的时间里,中国做股权激励的中小企业越来越多,但多数都是聘请咨询公司的讲师做的。他们整天都在台上讲课,练就了不错的

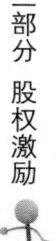

口才,而且比较擅长公司管理,可以给中小企业老板一些启发。可是,多数讲师和咨询师都不是专业人士,设计公司股权激励制度时,不如专业人士那样手到擒来。

另外,大部分律师很少参与公众演讲和培训,口才都比不上培训师,不能像讲师那样将股权激励的思想生动形象地表达出来。所以,请培训师,请律师,各有利弊。但是,随着市场的进一步发展和成熟,越来越多的中小企业老板都会从股权激励的效果出发来选择专业人士为企业设计股权激励制度和法律文件。

如果想让专业人士来制定如何实施股权激励机制,首先应与专业人士交流自己关于股权激励的想法,让专业人士初步诊断其可行性。专业人士通过与公司决策层的初步交流,就能了解拟实施股权激励公司实施股权激励的真正意图、公司资信情况、经营能力、人员构成等信息,从公司章程、基本制度方面考察公司是否存在实施股权激励的法律障碍和重大风险。

尽职调查摸清家底

专业人士不仅要经过初步判断,确定公司实施股权激励没有实质性的法律障碍;还要对公司进行深入的尽职调查,全面掌握与股权激励相关的公司信息,使专业人士构架可行的股权激励方案。之后,专业人士就可以根据实际情况,在符合法律、法规的情况下,对尽职调查的具体内容做适当增加和减少。

尽职调查形式主要包括：让公司提供书面材料、调查问卷、访谈等。调查内容主要包括如下：

（1）公司现有的激励制度和绩效考核标准，实际运行的效果，存在的主要问题。

（2）公司与员工签订的劳动合同、保密协议、竞争限制协议等。

（3）公司实行股权激励的范围、对象、基本情况、拟实现目标和初步思路。

（4）公司对股权激励的基本要求及针对性要求，比如，操作模式、实施时间、股权归属方式、激励基金的提取条件、计划的终止条件等。

（5）专业人士认为股权激励应关注的其他重点问题和可能存在的障碍。

设计股权激励方案

首先，结合老板股权激励的意图和公司尽职调查的情况，草拟股权激励方案，发给老板看；然后，律师与老板当面沟通，讲解股权激励方案设计思路，解答老板疑问，逐条讨论、修改和完善，使股权激励方案在规范可行的前提下体现老板的真实意愿。

在实践中，根据方案设计思路的不同，方案的内容也存在较大差异。总体来说，股权激励方案需要解决九个关键问题，即定目标、定人员、定模式、定数量、定价格、定时间、定来源、定条件、定规则。具体内容包括如下：

（1）股权激励计划的目的。即为何要设计股权激励计划。

（2）激励对象的确定依据和范围。即股权激励对象需要满足的条件或元素。

（3）股权激励计划拟授予的权益数量、所涉及的标的股票种类、来源、数量及占公司股本总额的百分比；若分次实施的，每次拟授予的权益数量、所涉及的标的股票种类、来源、数量及占公司股本总额的百分比；设置预留权益的，拟预留权益的数量、涉及标的股票数量及占股权激励计划的标的股票总额的百分比。

（4）如果激励对象是董事长，或高级管理人员，其各自可获授的权益数量、占股权激励计划拟授予权益总量的百分比；其他激励对象（各自或按适当分类）可获授的权益数量、占股权激励计划拟授予权益总量的百分比。

（5）股权激励计划的有效期、授权日、可行权日、标的股票的禁售期。

（6）限制性股票的授予价格或授予价格的确定方法，股票期权的行权价格或行权价格的确定方法。

（7）激励对象获得授予权益、行权的条件，比如，绩效考核体系和考核办法，以绩效考核指标为实施股权激励计划的条件。

（8）股权激励计划所涉及的权益数量、标的股票数量、授予价格或行权价格的调整方法和程序。

（9）公司授予权益及激励对象行权的程序。

（10）公司发生控制权的变更、合并和分立，以及激励对象发生职务变更、离职、死亡等事项，股权激励计划的执行。

（11）股权激励计划的变更和终止。

（12）公司与激励对象之间相关纠纷或争端解决机制。

（13）公司与激励对象的其他权利义务。

设计配套制度及协议

确定了股权激励方案后，要让专业人士以股权激励方案为基础，草拟股权激励方案的配套文件，从不同角度保障股权激励方案的贯彻有章可循。另外，如果现有的规章制度与股权激励方案发生冲突，就要及时做出**修改和调整**，保障股权激励方案与规章制度之间协调统一。

不同的股权激励方案配套文件也会有差别，但一般包括如下法律文件：

（1）《公司股权激励计划绩效考核办法》

（2）《公司股权激励计划管理制度》

（3）《股权激励授予协议书》

（4）《激励对象承诺书》

（5）《股权激励计划法律意见书》

（6）《激励对象绩效考核结果报告书》

（7）《激励对象行权或者解锁申请书》

（8）《激励对象行权或者解锁批准书》

（9）《股权激励股东大会决议》

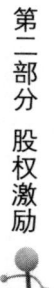

（10）《股权激励董事会决议》

（11）《公司章程修改建议书》

（12）《公司治理结构完善建议书》

（13）《激励对象劳动合同完善建议书》

（14）《激励对象同业竞争限制协议书》

（15）《公司薪酬制度完善建议书》

严格履行法定程序

股权激励方案是实施股权激励的纲领性文件，里面涉及股权的分配、定价、来源等重大事项，是公司的重大决策。依据《公司法》和相关法律规定，股权激励方案必须经过股东会审议通过，有的还要经相关机构批准才能生效并付诸实施，具体审批包括：

（1）董事会、股东（大）会表决通过的决议。

（2）涉及国有资产处置的，需报国有资产管理部门审查和批准。

（3）涉及外商投资企业投资额、注册资本、股东、经营项目、股权比例等方面变更的，需报商务部门、外汇管理部门审查和批准。

（4）涉及上市公司的，上市公司授予权益与回购限制性股票、激励对象行使权益前，上市公司应当向证券交易所提出申请，经证券交易所确认后，由证券登记结算机构办理登记结算事宜。

股权激励方案的实施

根据审议通过的股权激励方案、配套规则和协议,专业人士要指导企业做好如下工作:

(1)协助举办股权激励授予仪式和协议签署仪式。

(2)审核股东(大)会、董事会、薪酬委员会的会议决议。

(3)出具法律意见书(仅针对上市公司)。

(4)股权(或相应权利)的获得、变更和丧失,以及与之相关法律文件的草拟或审核。

(5)与股权激励有关的培训和咨询。

(6)指导办理工商变更登记等手续。

股权五步连环激励法

股权的五步连环激励法就是:第一步,从无到有;第二步,从虚到实;第三步,从少到多;第四步,从下到上;第五步,从分到合。仔细理解一下这五步,前三步比较容易懂,最后两步可能需要仔细理解。

第一步:从无到有

首先,一个人从没有股份到有股份,获得的股份叫在职或岗位。具备怎样的条件,才能从没有股份到有股份?在入股条件设置中,基本上会按这些框架来进行。第一是价值观。价值观是否和你一致?第二是级别。要

求什么级别以上？比如，一般公司总监以上或副总以上或总经理，才有入股资格。第三是工作多少年以上，也叫工龄。一般工作半年到一年，没有入股资格，必须是工作时间在一年以上。

第二步：从虚到实

获得的股份是虚股还是实股？在股份从无到有的过程中，获得的股份是虚股。既然是虚股，那么，是不是永远都是虚股？今天有了虚股或在职股或岗位股，怎样将岗位股转化为注册股？所有的这些都有条件设置。

第一，对级别要求更高。获得虚股的资格，如果想获得实股，职务必须是副总。所以，要想获得晋级，就得不断努力。

第二，价值观是否一致，人品通过率如何。如果经常得罪人，人缘就不会太好。真正成为公司实股，不仅要有管理能力、领导能力，还要具备高情商，起码不能得罪人。

第三步：从少到多

通过两三年的努力，从前没有股份的人获得了5%的股份，但并不是永远都是5%。这就叫从少到多。如果在公司表现更好，由公司副总升级为公司总经理，级别更高，贡献更大，对公司创造的价值更大，公司就会进行再增发股份。随着时间的推移，在公司干10年以上，获得10%；贡献更大，可能还会担任董事长，公司会再给增发10%的股份。

股权不是固定的，是动态的，会随着时间的推移和价值的大小进行调整和变化。企业不同，股权设计的维度也就不同。

第四步：从下到上

什么叫从下到上？

举例：

公司总经理在南阳分公司拥有20%的股份，他想去其他地方，跨公司经营不在一个维度，需要公司与公司之间进行资源整合。这样股权怎么从下边转到上边？店长怎么去总部？项目中心的人怎么去集团进行持股？

首先要对南阳分公司简单做个估值。如果估值1000万元，他在南阳分公司干得比较好，表现比较优秀，连续3年都带领南阳分公司遥遥领先其他地级市。如果对他调遣，让他担任河南省分公司总经理，运营和管理18个地级市，就要简单做个估值，叫股权的置换，简称叫股权的重组与收购。

首先南阳分公司估值1000万元，河南省级公司估值5000万元，如果1000万元占有20%的股权，在南阳分公司就拥有200万元的股权价值。200万元股中价值置换到总部，能置换出200万股权。所以，他就可以用南阳公司20%的股份去置换河南省级公司4%的股份。

第一个问题：他在南阳还有没有股份？没有。如果有，在管理18个地级市后，一定会偏向南阳。想让他跟哪个地区的利益有关，就让他在哪里持股。

第二个问题：置换河南省级公司4%的股份，这4%的股份是实股还是虚股？虚股。工作了一年后，如果表现确实不错，能让河南业绩依然保持稳步增长，就对这4%由虚股转化为实股。又工作了一年，第二年河南

省的业绩遥遥领先,就能去中国的任何一个省份,这时就来到了第三步,从少到多,增发2%。这2%是虚股,一年以后,又会转为实股。如果干得更好,再增加2%;干得更好,再增加2%,以此类推,由虚到实,循序渐进。

第五步:从分到合

比如,李总来到上海公司,河南省分公司总经理是张总、王总、孙总、赵总、刘总,跟他们有没有关系?假如有一天上海总部上市了,跟他们五人有没有关系?上海总部上市,很多人的股权都翻了10倍、20倍,你却没有盈利,那跟你有什么关系?

你在河南持有股份,跟这个公司有关系吗?如果是子公司,有关系吗?即使分公司给你分点利润,在独立核算的情况下,账目永远都只有一个子公司,只有一个法人主体,该法人主体就是上海公司。

什么叫重组?就是先把天下分给你们,之后再收回来。举个例子,上海总部决定启动收购计划,本来估值5亿元,上市以后,公司总部估值市值达到200亿元。总部决定对你们进行股权收购,每人分别置换总部0.2%的股份,人们自然都愿意,为何0.2%的股份,市值200亿元,会在很短的时间里变成4000万元。

今天在河南拥有1亿元市值的10%的股份,就是1000万元市值的。关键是,这1000万元市值的价值无法卖掉,而这4000万元市值的价值却能卖掉。这就是更高维的收购。

第三部分
股权融资

股权融资的方法

什么是股权融资

对于什么是股权融资，先来看两个案例：

案例1：

2014年9月21日，阿里巴巴在美国纳斯达克上市，不仅造就了马云这个华人富豪，还造就了几十位亿万富翁、上千位千万富翁以及上万位百万富翁。这既是一个伟大企业的诞生见证，更是一场真正的天下财富盛宴。

阿里巴巴上市前注册资本为1000万元人民币，于美国时间9月19日在纽约证券交易所上市，确定发行价为每股68美元，首日大幅上涨38.07%，收于93.89美元。背后，无数的股权投资者参与了这场盛宴。而早在20世纪90年代就对阿里投资过2000万美元的日本软银集团，在阿里巴巴上市期间，投资收益达到34倍，闪耀了很多人的眼睛。

案例2：

2004年6月16日，腾讯上市，造就了5位亿万富翁、7位千万富翁和几百位百万富翁。腾讯上市前公司注册资本为6500万元人民币，而在腾讯创业初期，IDG和盈科数码分别向腾讯投资220万美元，各占腾讯20%股份，马化腾及其团队持股60%。

2001年6月，香港盈科以1260万美元的价格将其所持腾讯控股20%的股权全部出售给南非MIH米拉德国际控股集团公司。在这一过程中，这些公司获得了数十倍的股权投资收入。更有诱惑力的数字是，2004年6月腾讯在香港挂牌上市，股票上市以票面价值3.70港元发行；2005年，腾讯控股发力飙升，当年年底其股价约为8.30港元，年涨幅达78.49%；到2009年时，腾讯控股以237%的年涨幅成功攀上100港元大关，为香港股市增添了色彩。

2012年2月，该股已超过了200港元，此后不断出现新高。2014年3月，该股股价一举突破600港元大关。同时，南非MIH米拉德国际控股集团公司也在腾讯市值的增长中收获了十多倍的股权投资收益。

一、什么是股权融资

简单来说，股权融资就是指企业股东愿意让出部分企业所有权，进行筹集资金，通过企业增资的方式引进新股东，同时增加总股本。

股权融资所获得的资金，企业不用还本付息，但新股东能够与老股东一起来分享企业的盈利。

二、股权融资的特点

1. 长期性

股权融资筹措的资金具有永久性,没有到期日,不用归还。

2. 不可逆性

企业采用股权融资,不用归还本金,如果投资者想收回本金,需要借助流通市场的力量。

3. 无负担性

股权融资没有固定的股利负担,股利的支付与否跟支付多少,要根据公司的具体经营需要来确定。

三、股权融资渠道

将股权融资按融资的渠道来划分,主要分为两大类:

1. 公开市场发售

所谓公开市场发售就是,为了筹集资金,股票市场向投资者发行企业股票,比如,企业上市、上市企业的增发和配股等,利用的都是这种股权融资方式。

2. 私募发售

所谓私募发售是指,企业自己寻找特定的投资者,吸引他们通过增资入股企业。因为多数股票市场对于申请发行股票的企业都有一定的条件要求,比如,《首次公开发行股票并上市管理办法》要求,公司上市前股本总额不得少于人民币3000万。因此,对多数中小企业来说,一般都很难达到上市发行股票的门槛,私募是民营中小企业进行股权融资的主要方式。

四、股权融资的优势

股权融资在企业投资与经营方面具有以下优势：

（1）股权融资需要建立比较完善的公司法人治理结构。公司的法人治理结构一般由股东大会、董事会、监事会、高级经理等组成，相互之间会形成多重风险约束和权利制衡机制，降低企业的经营风险。

（2）在现代金融理论中，证券市场又称为公开市场，指的是在广泛的制度化的交易场所，在一定的市场准入、信息披露、公平竞价交易、市场监督制度下，对标准化的金融产品进行买卖。与之相对应的贷款市场，又称为协议市场，也就是该市场上贷款者与借入者的融资活动通过直接协议进行。在金融交易中，人们更重视的是信息的公开性与可得性。所以，证券市场在信息公开性和资金价格的竞争性方面，都优于贷款市场。

（3）如果借款者在企业股权结构中占有较大份额，运用企业借款来从事高风险投资，产生道德风险的可能性就会大大减小。这样做的结果是，会让借款者自己蒙受巨大的损失。因此，借款者的资产净值越大，借款者按照贷款者的希望和意愿行事的动力就越大，银行债务拖欠和损失的可能性就越小。

债券与股权的区别

一、债券融资

债券融资与股票融资一样，都属于直接融资，而信贷融资则属于间接融资。在直接融资中，需要资金的部门可以直接到市场上融资，借贷双方存在直接的对应关系。而在间接融资中，借贷活动必须通过银行等金融中

介机构进行，由银行向社会吸收存款，再贷放给需要资金的部门。那么，债券融资的优缺点分别有哪些呢？

1. 债券筹资的优点

（1）债券筹资的成本较低。从投资者角度来讲，投资于债券可受限制性条款的保护，风险较低，回报率要求也较低，即债券的利息支出成本低于普通股票的股息支出成本。

（2）从筹资公司来讲，债券的利息要在所得税前支付，能够抵税，债券的税后成本要明显低于股票的税后成本；从发行费用角度来说，债券一般也低于股票。

（3）在非破产情况下，债券投资对公司的剩余索取权和剩余控制权影响不大，不会稀释公司的每股收益和股东对公司的控制权。

2. 债券筹资的缺点

（1）债券筹资有固定的到期日，需要定期支付利息，如果不能兑现承诺，很可能引发公司破产。

（2）随着财务杠杆的上升，债券筹资的成本也在不断提高，加大财务风险和经营风险，可能引发公司破产和最后清算。

（3）筹资能力和发展公司债券通常都需要抵押和担保，还有一些限制性条款。如此，就能取得一部分控制权，削弱经理控制权和股东的剩余控制权，影响公司的正常发展和筹资能力。

二、债券和股权的区别

融资债券和股权融资都是为了让企业获得更好的发展，但在具体操作上有很多区别。不过，在实际生活中很多人都没有了解清楚，也不知道相关的区别有哪些。那么，融资债券和股权融资的四大区别是什么？

1. 风险不同

对企业来说，股权融资的风险通常小于债权融资的风险，股票投资者对股息的收益通常由企业的盈利水平和发展需要决定；与发展公司债券相比，公司没有固定的付息压力，普通股也没有固定的到期日，也就不存在还本付息的融资风险。而企业发行债券，则必须承担按期付息和到期还本的义务，与公司的经营状况和盈利水平无关。如果公司经营不善，有可能因为巨大的付息和还债压力，引发资金链的破裂而破产。因此，企业发行债券面临的财务风险比较高。

2. 融资成本不同

从理论上讲，股权融资的成本高于债权融资，这是因为：一方面，从投资者的角度来讲，投资于普通股的风险较高，要求的投资报酬率也较高；另一方面，对于筹资公司来讲，股利从税后利润中支付，不具备抵税作用，且股票的发行费用也高于其他证券，而债务性资金的利息费用一般都在税前列支，具有抵税的作用。因此，股权融资的成本一般要高于债务融资成本。

3. 对控制权的影响不同

债券融资虽然会增加企业的财务风险能力，但不会削弱股东对企业的控制权力。用增募股本的方式进行融资，现有股东对企业的控制权就会被稀释，因此，企业一般不愿意进行发行新股融资。而且，随着新股的发行，流通在外面的普通股数目必然会增加，引发每股收益和股价的下跌，进而对现有股东产生不利影响。

4.对企业的作用不同

发行普通股是公司的永久性资本,是公司正常经营和抵御风险的基础,主权资本增多有利于增加公司的信用价值和信誉,能够为企业发行更多的债权融资提供强有力的支持。企业发行债券可以获得资金的杠杆收益,无论企业盈利多少,企业只要支付给债权人事先约好的利息和本金即可。而且,利息还能作为成本费用在税前列支,当企业盈利增加时,企业发行债券可以获得更大的资本杠杆收益,企业还能发行可转换债券和可赎回债券,更加灵活主动地调整公司的资本结构。

股权融资的原则

股权融资,并不是每个人给你钱,都能要。要明确融资的目的是什么?为什么不拿自己的钱,而是拿别人的钱?当然是为了规避风险。

什么叫规避风险?举个例子,我为这个项目投资500万元,结果失败,就会倾家荡产。但是,如果马云投资500万元,就很寻常了,几乎跟买葱一样。虽然股权是股权融资,不是债券,但能够有效规避风险,未来即使拿别人的钱,也没有任何问题。

融资原则的第一条,别人的钱一定是可有可无的,不拿对方要命的钱。举个例子,很多人在担保公司放钱,多少不在于金额,而在于各人对风险的承担能力。对于老板来说,可能一年亏损100万元没什么;对于员工来说,别说100万元,亏损50万元,他都想跳楼。马云做生意亏50亿元,叫小菜一碟;普通企业家,亏损50亿,就伤筋动骨了。

因此,跟别人融资的时候,一定要问别人一句话:如果我将你的投资弄丢了，钱能不能要？不能要！否则，就会因为生意而伤害了朋友的感情。所以，融资的时候一定要记得为规避风险做好最后的储备。

融资的时候，一定要送给对方一句话："兄弟，你给我投钱，可能成功，还可能失败。如果失败了，这笔钱不会影响你的工作和生活吧？如果因为这笔钱会破坏咱俩的感情，你最好再考虑考虑。"

股权融资的方法

方法一：众筹

众筹，简称资本分拆。什么叫资本分拆？以前找一个人筹集100万元，现在找更多人筹集100万元，这样风险就大大降低了。

募集100万元资金的方法有很多种：第一种，可以找一个人，投100万元；可以找两个人，各投50万元；可以找5个人，各投20万元；可以找10个人，各投10万元；可以找20个人，各投5万元；可以找50个人，各投2万元；可以找100个人，各投1万元。以此类推，能拿出1万元钱做投资的人会很多，这样就降低了投资门槛，风险也小很多。

现实生活中，为什么这么多人选择炒股票？因为股票风险小，想买多少就买多少。为什么普通人做不起私募基金投资？因为做私募基金随便一个投资都是10亿元、20亿元。如果你想要融资，认识的人中投10万元的人只有5个，那最终肯定融不来，怎么办？可以找投5万元的人融资，20个人就可以筹齐。这里面有两个因素：第一，他们能投得起；第二，人数有很多。这种方法就叫众筹。

如今,要想投资一个公司和项目,最少需要100万元。企业的利润约为80万元,产品成本是30%,也就意味着,企业的毛利是70%。接下来该如何做?

首先,让消费者变成你的投资,先募集5万元,即产品众筹。为什么对方愿意为你投资?因为你可以给他提供价值10万元的产品。方案能否众筹成功,核心只有一个,比如,开一家鸭脖店,准备找20个人,各人投5万元,问:10元钱的鸭脖,什么时候能吃完?起码得吃10年。什么样的企业能众筹成功?本来需要在你这儿消费七八万元,一年只能在你这儿消费一万元,通常都不愿意参与;如果一年能在你这儿参与消费五六万元、七八万元,一定会愿意参与。

其次,对方为你投资5万元,你给他1%或2%的股权,这叫股权众筹。你给我投资5万元,我找20个人,各人投5万元,占1%或2%。

第一种方案和第二种方案加在一起,就叫作消费型股权。什么叫消费型股权?就是让消费者变成投资的融资手法,让消费变成投资。道理很简单,对方给你投资5万元,你给他10万元产品,再给公司或店面1%的股份,让他的消费变成对店面的投资。

这种方法共有两种表达方式:第一种表达方式是,你给我5万元,我给你10万元产品,我送你1%的股权。第二种表达方式是,你给我5万元,我给你10万元产品。两种表达手法,意思不一样,结果也不一样。哪一种更好?

第一种方案的焦点在哪里?股权。一年以后如果这家店利润为零,你就不会发表任何意见，因为股份是送的。

第二种方案的焦点在哪里？产品。一年以后没分到钱，一定有意见。他已经赚了10万元，但依然觉得自己没赚到，为什么？你的产品是送的。比较起来，第一种方案更好，能帮你有效规避风险。

第三种方案，你给我5万元，我给你1%的股份，每天从营业额中提走3%，直到提够10万元为止。为什么是3%？而不是4%？因为投资5万的人一共有20个。每人提3%，20个人一共会提走60%。成本是60%+30%，还有多少毛利？10%。如果给4%，结果就是80%，80%+30%是110%，代表你已经亏了10%。

问：第一种方案、第二种方案和第三种方案能不能一起使用？完全可以。

第四种方案，你给我投资5万元，我送给你1%或2%的股份。找20个人，先给4%的分红权，2年时间。为什么是2年？举个简单例子，80万元利润，4%的分红权，第一年分3.2万元，第二年分3.2万元，一共能分6.4万元。6.4万元对你来说，是收回本金后已经占1%的股份。

第五种方案，你给我5万元，我给你1%的股份，给你20%的固定收益。20%的固定收益是5万元的固定收益，共1万。

方法二：锁定终身融资法

什么叫锁定终身融资法？

举个例子：

聚美优品的创始人叫陈欧，陈欧到中国创业的时候，找了投资者徐小

平,徐小平为他投资 200 万,占他企业 10% 的股份。开始的时候,陈欧干了一年,公司最终破产倒闭;接着,又成立了一家公司,聚美优品。

聚美优品 2014 年上市,市值 40 个亿。徐小平投资聚美优品的时候签了一个协议,锁定终身协议。什么叫锁定终身协议?今天投资好兄弟公司,未来他本人再成立任何一家公司,徐小平都会自动生成 10% 的股份。这 10% 的股份不需要投任何一分钱。结果,聚美优品上市,市值 40 亿,徐小平套现 4 个亿。

再举例:

聚美优品倒闭,陈欧又创建了一家企业,这时候徐小平已经没有了 10% 的股份。为什么没有?因为都已经套现了。如果聚美优品倒闭,陈欧还没套现,接着再成立一家公司,他还会有 10% 的股份。这种契约就叫卖身。

投资的本质体现在投"人"!相信这个人能成功,即便这件事不成功,并不代表下一件事也不能成功。但是这种融资手法,不到被逼无奈,最好不要随便使用;能用前几种方式获得融资,就不要使用这一种。

方法三:隔轮退出

什么叫"隔轮退出"?有一家企业用隔轮退出手法,短短半年时间就收获了 4.5 亿。

举个简单的例子:

现在企业估值 1000 万,需要融资 100 万,给对方企业 10% 的股份。先让投资者投资 100 万,三个月后一家知名的投资机构就会投资 1000 万,占企业 10% 的股份。投资机构投资 1000 万，前面的人就可以直接拿走 200 万，企业不需要赚钱，只要有人进来，前面的人就能自动离开。可见，不上市，也赚钱。只要阿里巴巴进行投资，前面的人就能先拿走 2000 万。拿走 2000 万，还剩 8% 的股份，接着再上市套现。

这种手法收益极快，企业做大就能吸引更多投资者，像击鼓传花一样，这个人进来，就会自动帮你寻找下一个投资者；下一个人进来，就会自动帮你寻找下下一个……最后一个进来的投资者，一定会上市。

股权融资的顺序

这里所说的融资，除了是钱，还有人和资源。创业的第一步是先找人，即先搭班子。因为钱只会锦上添花，绝不会雪中送炭。所以，钱不会相信梦想，只有人，才会相信梦想，相信未来，因为人是感性的，钱是理性的。记住，将人做成功了，事情也就到位了；将事情做到位了，资源也就来了。要想搞定资源，就要先搞定关键领袖；而如果想搞定 200 人，只要搞定一个人就可以。俗话说得好，擒贼先擒王，有了资源，钱自然也会紧跟其后。

在投资哲学原理中，人是第一核心价值，成也在人，败也在人。所以，事在人为。有优势的团队，企业就会发展很快；接下来，只有资金到位，就能占领市场和天下。

可以问一下自己：你花了多少时间在"钱"上？花了多少时间在"事"上？花了多少时间在"人"上？

过去很多人都将80%的时间花在"事"中,今天有人请吃饭,明天请你吃饭谈个单,究竟在"人"中花了多少时间?应该花更多时间在"人"中,而不是"事"中。员工负责做"事",老板负责做"人"、生产"人"。不从事情中解脱出来,永远都只能成为小老板、小企业家。

宇宙因何而存在?只要人类消失,宇宙就不可能存在了,一切取决于你的认知和角色。利用一切可以利用的资源,将优秀人才招聘过来,是企业的第一核心任务,因此要花更多的时间搭建自己的班子。

这样的人去哪儿找?最核心的创业团队,通常是自己招来的。要么是同学,要么是同事,要么是朋友,一定要亲自去招,谁也无法取代。市面上有两种人:一种是自己培养出来的人,一种是职业经理人。那么,自己培养的人忠诚,还是职业经理人更好使?当然是自己培养出来的人。因为这类人有一个特质:你骂他两句,踹他两脚,他永远都不会离开。而职业经理人,你只要伤害了他,瞬间就会离开。不要羡慕职业经理人的能力,记住:这种人只能利用,只有少数会成为合伙人,80%都不会跟你走得太近。

另外,如果想招人,不认识人力资源,怎么办?找猎头公司。人才投入越多,成本越小。原因何在?举个例子,从郑州去深圳,哪种工具最快?飞机。哪种方式最慢?走路。同理,招聘人员,也可以采用"机票"的方式。什么叫"飞机"?直接花钱解决问题。找个猎头公司,让他直接帮你找人。

为什么很多人做企业比较慢?一个原因就是舍不得买"机票",喜欢

"步行"。什么叫"步行"？希望自己什么都会，什么都自己搞。记住，专业的东西要交给专业的人来做。做了自己不该做的事，该做的事没做好，不该做的事反而做得好，没有任何价值。如果想让员工成长更快，就要花钱让员工学习。不舍得花钱，员工成长就很慢。所以，要具备专业思维和买"机票"的思维。总想着如何省钱，结果只能浪费时间。

举个例子。8年前的中国，手机市场都是外资，都属于诺基亚、三星、苹果、索尼、爱立信、摩托罗拉等品牌，国产手机无人问津。但现在看一下中国的手机市场，全部都是国产手机，把外资手机打得屁滚尿流。而华为、小米、vivo、OPPO，不仅在中国做得好，在其他国家做得也很好。比如，小米开启了手机行业的新模式，以"硬件免费、软件赚钱"的模式，进行了中国手机行业的革命。

华为数年来不断优化内部的股权激励方案，不断探索新的股权激励模式，成功用股权激励创造了手机行业的奇迹。可见，人才是一切事业的基础，所以企业要变成打造人才的"黄埔军校"。

人是创造创新价值的核心。行业的顶尖人才都在企业，企业是行业第一，按照这个方法做，只要花费三五年的时间，企业就会出现另外一种征兆和结果，带来更高的维度。

股权融资和股权转让的区别

股权对于企业来说很重要，比如，企业谁的股权最多，谁说话就更有分量。股权可以转让、买卖等，也可以融资。那么，股权融资和股权转让

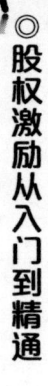

的区别又是什么？

一、股权融资和股权转让的定义

1. 股权融资

股权融资是指，企业股东愿意让出部分所有权，通过企业增资的方式引进新的股东，总股本同时增加。股权融资获得的资金，企业不用还本付息，但新股东将与老股东同样分享企业的盈利。

2. 股权转让

股权转让是股东行使股权经常而普遍的方式，《公司法》规定：股东有权通过法定方式转让全部出资或部分出资。股权自由转让制度，是现代公司制度最成功的表现之一。随着中国市场经济体制的建立，《公司法》的实施，股权转让成为企业募集资本、产权流动重组、资源优化配置的重要形式，由此引发的纠纷在公司诉讼中最为常见，其中股权转让合同的效力是该类案件审理的难点所在。

股权转让协议是当事人以转让股权为目的而达成的关于出让方交付股权并收取价金，受让方支付价金得到股权的一种表示。股权转让是一种物权变动行为，股权转让后，股东基于股东地位而对公司所发生的权利义务关系全部同时移转于受让人，受让人因此成为公司的股东，获得股东权。根据《合同法》第44条第1款的规定，股权转让合同自成立时生效。

二、股权融资和股权转让区别

1. 当事人主体不同

股权转让合同由转让人（原股东）和受让人（新股东）签订，除去优先购买权和是否同意转让外，不转让股权的其他股东就不是股权转让合同的当事人。而增资扩股合同则要由公司原所有股东与新股东签订。

2. 目的不同

股权转让的目的是实现股权流动，以出让股权为代价来取得其他交换价值，并不是为了扩大企业资金。而增资扩股的直接目的就是，扩大公司的实收资本，增加公司的可用资金。

3. 法律后果不同

股权转让的法律后果是受让人取代转让人、持有在公司中的股权。而增资扩股的法律后果是，原股东人数和身份不变、股权持有比例减少、公司股东人数增加。

4. 法律依据不同

股权转让的法律依据是《公司法》第71条、第72条、第73条等条文；而增资扩股的法律依据是《公司法》第34条等。

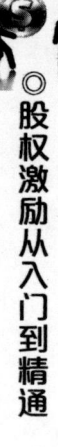

股权融资的原则

融资结构要合理

资本结构是指企业各种资本来源的构成及比例关系。其中,债权资本和权益资本的构成比例在企业资本结构的决策中居于核心地位。

企业在融资时,资本结构决策应该体现出理财的终极目标,即追求企业价值的最大化。在企业持续经营稳定的情况下,企业价值可以根据未来若干期限预期收益的现值来确定。

虽然,企业的预期收益会受多种因素的制约,折现率的高低也会因企业所承受的风险水平不同而发生变化,但从筹资环节来看,如果资本结构安排合理,不仅能直接提高筹资效益,对折现率的高低也能起到一定的调节作用,因为折现率是在充分考虑企业加权资本成本和筹资风险水平的基础上确定的。

最优资本结构是指能使企业资本成本最低且企业价值最大,并能最大限度地调动各利益相关者积极性的资本结构。企业价值最大化要求降低资本成本，但并不需要为了降低成本而不顾筹资风险的增大，因为这同样不利于企业价值的提高。

企业获得最佳资本结构的最终目的是提高资本运营效果，而衡量企业资本结构是否达到最佳的主要标准应该是企业资本的总成本是否最小、企业价值是否最大。加权平均资本成本最低时的资本结构与企业价值最大时的资本结构应该是一致的。

一般来说，收益与风险共存，收益越大，风险也就越大，而风险的增加将会直接威胁企业的生存。因此，企业不仅要考虑收益，更要考虑风险。只有在收益和风险达到均衡时，企业的价值才能达到最大。企业的资本总成本和价值的确定都直接与现金流量、风险等因素相关，因而两者应该同时成为衡量最佳资本结构的标准。

估值要准确

如何准确估值？

第一个估值方法是市场报价。什么是市场报价？第一种方法叫作"你想卖多少钱"？第二种方法叫作"历史投入"，即你大概累计投入了多少钱？第三种方法叫作"固定资产"，即企业有多少固定资产？第四种方法叫作"企业年利润是多少？"第五种方法叫作"年销售额"。其中，利润乘以10，营业额乘以2，是企业估值方法中最常用的两种方案。

第二个估值方法是负债能力。企业信用比较好，能借很多钱。

第三个估值方法是现金流量。企业现金流量比较多，客户量就比

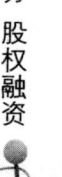

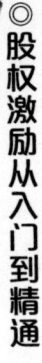

较大。

第四个估值方法是市场渠道。渠道比较好，有很多经销商和渠道商，强势品牌，估值就高。

这么多的估值方法，究竟按哪一种来进行更合适呢？企业估值没有绝对，一个愿打一个愿挨，就像周瑜打黄盖。这么多估值方法，擅长哪一个，对哪一个有优势，就用哪一个。

第一，投资者投资的过程，也是一个博弈的过程。投资者今天给企业估值两个亿，但如果发现很多人都不看好这个行业，也就不会投资。最终的企业估值方法取决于一个词——"交易"，也就是说，要有人愿意投。

第二，有些人为你投资，是因为你的企业比较有权。什么叫"企业比较有权"？就是企业的现金流很多。企业账上钱多，但是不一定属于你，就是比较有权，你拥有流量的支配权和使用权。

第三，什么叫"长得比较帅"？很简单，所有互联网公司都是长得比较帅的，客户比较多。长得比较帅，不一定实用，不一定有才华，但客户群有变现能力，有些人也会为你投资。

没有权，没有钱，长得不帅，利润不高，现金流没有，客户比较少，那最后投资就只能靠一点，叫"吹牛"，简称商业模式。你的商业模式现在不赚钱，不代表未来不赚钱。

笔者建议，每次融资最多不要超过20%，因为企业经过5轮融资后，每轮为20%，企业就会变成50%。如果实在没有溢价能力，融资250万，需要出让20%的股权，就先融250万，出让20%股权。在这个过程中，拿到合适的钱，不仅足够企业发展，也能让企业变得越来越值钱。

融资规模量力而行

确定企业的融资规模，在中小企业融资过程中也非常重要。筹资过多，可能造成资金闲置浪费，增加融资成本；还可能导致企业负债过多，使其无法承受，无力偿还，增加经营风险。而如果企业筹资不足，又会影响企业投资计划及其他业务的正常开展。因此，企业在进行融资决策之初，要根据企业对资金的需要、自身的实际条件以及融资的难易程度和成本情况，来确定企业合理的融资规模。

融资规模的确定一般要考虑以下两个因素：

1. 资金形式

一般来说，企业的资金形式主要包括固定资金、流动资金和发展资金。固定资金是企业用来购买办公设备、生产设备和交通工具等固定资产的资金，这些资产是企业长期发展所必需的，但一般会涉及较大资金需求，且期限较长。

中小企业财力薄弱，就要尽可能减少这方面的投资，采用成本较少、占用资金量小的方式来满足生产需要，比如，初创的中小企业可以通过租赁的方式，解决生产设备和办公场所的需求。

流动资金是用来支持企业在短期内正常运营所需的资金，也称营运资金，比如，办公费、职员工资和差旅费等。

结算方式和季节对流动资金的影响较大，为此中小企业管理人员一定

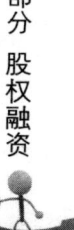

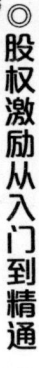

要精打细算,尽可能减少流动资金的占用。由于中小企业本身经营规模并不大,因此对流动资金的需求可以通过自有资金和贷款的方式来解决。

发展资金是企业在发展过程中用来进行技术开发、产品研发、市场开拓的资金。这部分的资金需求量很大,仅依靠中小企业自身的力量还远远不够。因此,对于这部分资金可以采取增资扩股、银行贷款等方式解决。

2. 资金的需求期限

不同的企业、同一家企业不同的业务过程,对资金需求期限的要求也不同。比如,高科技企业新产品从推出到被社会接受需要较长的时间和过程,资金期限一般要求较长,因此对资金的需求规模也大;而传统企业产品成熟,只要质量和市场开拓良好,资金回收也很快,对资金的需求量也比较少。

确定融资规模时,中小企业一定要仔细分析自己的资金需求形式和需求期限,做出合理安排,尽可能压缩融资的规模,其原则是:够用就好!

将融资成本控制在最低

提起"融资成本",就不得不提起"资本成本"这个概念,因为这两个概念很容易混淆。

从经济学角度来说,所谓的资本成本是指投入某个项目的资金机会成本。这部分资金可能源于企业内部,还可能是跟外部投资者筹集的。但是,无论资金源于何处,企业都要为资金的使用付出代价,这种代价不是企业实际付出的代价,而是预期应付出的代价,是资金投资者希望从该项目中获得的期望报酬率。

融资成本则是指企业实际承担的融资代价（或费用），具体包括两部分：融资费用和使用费用。其中，融资费用是企业在资金筹集过程中需要使用的各种费用，比如，向中介机构支付中介费；而使用费用是指企业因使用资金而向其提供者支付的报酬，比如，股票融资向股东支付的股息和红利，发行债券和借款向债权人支付的利息。

企业资金的来源渠道不同，则融资成本的构成不同。中小企业缺少硬件和软件（专业的统计软件和专业财务人员），往往更关注比资本成本更具可操作性的指标——融资成本。

企业融资成本决定着企业的融资效率，对于中小企业选择哪种融资方式有着重要意义。融资成本的计算要涉及很多种因素，具体操作时有一定的难度。一般情况下，按照融资来源划分的主要融资方式依次为：财政融资、商业融资、内部融资、银行融资、债券融资和股票融资。

企业要掌握控制权

所谓企业控制权是指相关主体对企业施以不同程度的影响力。控制权的掌握具体体现在：

（1）控制者拥有进入相关机构的权利，比如，进入公司制企业的董事会或监事会。

（2）能够参与企业决策，并对最终决策具有较大的影响力。

（3）有要求时，利益能够得到体现，比如，工作环境得以改善、有权参与分享利润等。

在现代市场经济条件下，企业融资行为所导致的不同融资结构与控制权之间存在着紧密联系。

融资结构具有明显的企业治理功能，不仅规定着企业收入的分配，还影响着企业控制权的分配，甚至直接影响着企业的控制权争夺。比如，在债权、股权比例既定的企业里，一般情况下，股东或经理都有企业控制权；在企业面临清算、处于破产状态时，企业控制权就会转移到债权人手中；如果企业完全依靠内源融资维持生存状态，企业控制权就可能被员工所掌握。

由此可见，上述控制权转移的有序进行，还要依赖于股权与债权一定的比例构成，而这种构成的变化通常都来自于企业不同的融资行为。

企业融资行为造成的控制权或所有权的变化，不仅会直接影响企业生产经营的自主性、独立性，而且还会引起企业利润分流，损害原有股东的利益，甚至可能影响到企业的近期效益与长远发展。

比如，发行债券和股票比较起来，增发新股会削弱原有股东对企业的控制权，除非原股东也按相应的比例购进新发股票；而债券融资则只会增加企业的债务，并不会影响原有股东对企业的控制权。因此，在考虑融资代价时，不能只考虑成本。

开办企业的初衷就是要把企业做大做强，谁都不愿意为他人做嫁衣。因此，企业在进行融资的时候，一定要掌握各种融资方式的特点，精确计算各种融资方式和融资量对企业控制权产生的影响，把企业牢牢控制在自己手中。

选择最适合的融资方式

在融资时，中小企业有很多种融资方式可供选择，但每种融资方式的特点都不同，自然也就会给企业带来不同的影响，而且这种影响还会直接反映到对企业竞争力的影响上。

通常，企业融资会通过以下途径给企业带来影响：

首先，通过融资，壮大企业资本实力，增强企业的支付能力和发展后劲，从而增加企业与竞争对手竞争的能力。

其次，通过融资，能够提高企业信誉，扩大企业产品的市场份额。

最后，通过融资，能够增大企业规模和获利能力，充分利用规模经济优势，提高企业在市场上的竞争力，加快企业的发展。

但是，企业竞争力的提高程度，根据企业融资方式、融资收益的不同而有很大差异。比如，通常初次发行普通股并上市流通融资，不仅会给企业带来巨额资金，还会大大提高企业的知名度和商誉，使企业的竞争力获得极大提高。

再如，企业想开拓国际市场，通过各种渠道在国际资本市场上融资，尤其是与比较知名的国际金融机构或投资者合作也能提高自己的知名度，迅速被消费者所认识，在潜移默化中提高自身形象，增强企业的竞争力。当然，选择有实力的融资合作伙伴来提高企业竞争力，同样也适用于国内企业。

选择合适的融资渠道

融资渠道主要有三个：第一个，员工；第二个，投资机构；第三个，债权融资。

一、员工

不管哪个机构给企业做融资，都只能帮企业设计方案，不能保证确定能融来资金。为什么？因为投资者投的是你及你的企业，而不是方案的设计者。企业发展不好或项目不好或老板的人品不好，别人怎么会给你投钱？但是为什么需要第三方机构来帮企业做方案设计？因为第三方机构做出的股权融资方案比较专业。

信阳有个人叫陈长亮，是慧憬的合作伙伴，经常为慧憬组织会议，聚集了很多企业家资源。每次融资的时候，他都会给大家讲自己的项目。他曾做过一个项目，融资120万元，出让20%股份，由于资源比较多，事情做得很顺利。要想成功融得资金，首先就要拥有自己的资源库。一个人都不认识，一个投资机构都不了解，即使方案再好，也找不到人。记住，投资者投的是你及你的企业，要有自己的融资渠道，建立自己的资源库。

选择融资渠道时，融资对象可从下面几个方面选择：第一个，客户。客户是第一融资渠道、第一融资对象，因为他不仅会给你钱，还是你的客户，还进行消费。第二个，员工。员工不仅会给企业赚钱，还会干活。这一点，华为做得就比较高明。

华为是如何使用员工的钱的？如果华为估值100亿元，员工正好有100亿元，就一元一股。员工想买100万股，就要给华为100万元。华为股权不能卖，只能公司回购，比如，一亿股，工作了一年后，产生了30亿元的净利润。这一亿股能分多少钱？1%，3个亿。华为只要有收益，都会给员工分红，接着，又工作了一年，公司赚到60亿元，员工的股权能分到多少？离开华为的时候，这一亿股华为要收购；但如果员工要离开，华为的股权是可以增值的，如何增值？涨到2元一股。华为退股的时候，按1元退，一股又赚5毛，增值了5毛，即5000万元。

看到这里，很多人可能认为华为很亏。事实并非如此。原因就在于，一个员工离开，下一个新人就会进来。如果新人也想买华为股权，当然可以，但一股就是2元。员工在华为干活，退股的时候也涨了值，但下一个新人进入公司的时候，又为上一个人买了单。也就是说，华为的股权是员工内部炒，只要一产生交易，下一个新人就会来到。华为的利润是大家共同努力创造的，员工是企业的融资对象，不仅出钱，还出人力。

二、投资机构

想要跟银行融资，一般都很难，不仅需要各类证件，手续还很复杂，周期也很长。对于做纯互联网的企业，融资渠道就只有一个——投资机构。因为互联网企业，需要经过一个很长的无利润时间。互联网企业开办5年以上、10年以上，没有利润很正常。如此，企业如何存活？如果这些钱都是跟朋友、客户融资来的，5年、10年却没利润，谁受得了？所以做

纯互联网企业，一定要找投资机构进行融资。

三、债权融资

债权融资，就是用现在换未来。

何为跨越时间和空间的价值交换？举个例子：中国老太和美国老太。中国老太每天都在辛苦努力地赚钱，攒够钱，之后买房子；买了房子，之后离世……辛苦了一辈子，什么都没享受到。美国老太也要买房，没钱怎么办？跟银行贷款，月供，享受生活，等月供还清的那一刻，自己已经享受了一辈子。作为企业家，你是中国老太，还是美国老太？

做项目同样也是这个逻辑。如果你想开一家童趣店，销售各类儿童用品、服装等，需要投资100万元，最终花费5年、10年辛苦攒下的100万元，开了这样一家店。第一年赚了50万元，第二年赚了50万元，第三年赚了50万元，三年一共赚了150万元。本金100万元，减去本金，还剩下50万。这时候，你其实只做了一件事，哪件事？成功地把本金给收回来了。过去辛苦5年、10年的钱，变成了土地、厂房、机械设备和装修。更可悲的是，赚了钱之后，又继续变成土地、厂房、机械设备。用这50万元，努力了三四年，店面需要升级，产品需要重新设计，设备需要更新，内部需要重新装修，继续投50万元，接着经营。

经过5年、10年、20年的努力后，公司发展很快，于是有了分店，5家、10家、20家……结果如何？公司资产5000万元，却拿不出200万元现金！为何要经营公司？为了让公司变得更有钱？还是让个人变得更有钱？当然是个人。反观现在，钱都是公司的，而且还是资产。什么叫资产？就是搬不动的钱。圆满的人生结果应该是：个人资产 5000 万元，公司资产 200 万元。

用现在的钱去换未来的钱，多数都是可能还没换掉，你就破产了。如何做？反过来，拿未来的钱换现在的钱。比如，我有一个项目，每年能赚 50 万元，你们投资 100 万元，我给你们 80% 的股权，也就是说，我赚 50 万元，就会分给你们 40 万元。假如亏本，我也没亏什么。

不同阶段的股权融资重点

初创期：创始人掌握绝对控制权

创业企业，一般都由一两个创始人思考、发起并组织团队的推进与实施，核心创始人是获得股权分配的创始股东之一。现实中，很多企业及核心创始人都会不加思考地给予核心创始团队股份，一是碍于情面，二是想用此来交换创业所需要的资源与能力。

在公司创业早期，资金固然重要，但股权更加珍贵：在企业发展过程中资金是可再生的，股权不是；在公司发展过程中每元现金的价值几乎不会增加，但每股的价值却可能翻几十倍甚至数百倍。因此，股权设置与分配的第一个核心原则就是，能用"钱"解决的问题不要用"股权"来解决。另外，引进关键人才的时候最好不要直接给实股，可以根据具体情况给些虚股。

那么，股东之间如何划分股权呢？不同的人，可能会有不同的观点。创业成功的企业，为了提高决策与行动效率，在股权上总会发生"一股独大"的情况。可是，在因合伙人原因而致团队分崩的案例中，总会出现合伙人平均或相近分配股权的情况，在中国更是如此。为了杜绝这种问题的出现，创始人股份最好控制在67%以上，保证绝对的控股权，便于顺利贯彻执行相关政策，确保企业运行顺畅。

发展期：两权分离

处于发展期的企业，通常都会逐步走向规范化，老板也会逐步将经营执政的权利下放，中层、高层粗具雏形。这时候，老板完全可以抽身出来，进行企业的战略规划，进行长远思考。

企业发展到一定阶段后，要实行一个重要机制——"两权分离"，即将企业的所有权和经营权分离，将经营权下放给有能力的人，创始人只享有控制权。

老板都有自己的起家业务，而这些业务通常都是赚钱的，但是市场前景可能并不好，更不是新兴行业，账目也不清晰，不能很好地跟资本市场对接，只能作为自留地，自我欣赏。这样的公司一般称为母公司，模式是有限责任公司，相对封闭，股权不对外开放。

所以，要想对接资本市场，就要开辟一项新业务，或者从老业务中细分出一个新业务，重新设立公司，这种业务就称为"战略性业务"。新公司的业务比较干净，可以对外公开，并且有市场前景，适合对接资本市场，公司的股权模式是"股份有限公司"。

为了安全起见，要把新业务和老业务做好新老划段。做完这一步后，

创始人的股份和其他股份就不在同一个层面上了。所有的员工股、激励股、投资者股都可以放在新公司,新公司的"股东"只对新公司有查账权、知情权,对母公司却没有知情权。母公司的股东可以知道子公司的所有情况,但子公司的股东只能知道子公司的情况,如此就能在新老公司之间形成一道防火墙,确保公司的稳定和安全。

通常,"战略性业务"都不是老板熟悉的领域,需要请专业的经理人运作,还可能需要通过股权激励的方式来解决高管激励的问题。另外,新公司前期通常也不赚钱,为了解决资金问题,还需要引进投资者,稀释掉部分股权。当然,具体比例要根据企业的发展需要来确定,不能失控。

在企业发展过程中,如果创始人要实现相对控股,最好拥有大于1/2的股份,51%是个分水岭。

扩张期:完善治理结构

企业进入扩张期,市场份额会逐步提升,很多风险投资基金都会蠢蠢欲动。在前期如果创始人就考虑到了资本战略,此时企业也已经进行了几轮融资,一方面要吸引风险投资,另一方面还要完善治理结构,做好股权激励。

这时候,股权的价值更会凸显,股权激励的效果也会非常明显。企业甚至还可能将自己的主体业务向外拓展,做大公司体量。比如,跟经销商合作,成立合资公司,共同拉动销售;跟供应商成立公司,建立长线战略关系,兼并或收购其他公司,成立子公司。这些业务称为"机会性业务",

而公司的规模基本上都来自于子公司的扩大。

在扩大公司规模的过程中，释放的股权比例要控制在合理的范围，比如，10%~15%。经过这个阶段对外释放的股权，创始人最好拥有公司1/3以上的股份，为了保证公司的安全，老板还要拥有企业重大事件的否决权。

成熟期：强化寡头地位

随着公司的不断发展，必然会逐步走向成熟，这时候，创始人一般都很难占据1/3以上的股份。拥有企业3.5%的股份，已经是非常优秀了，因为企业已经实现了公众治理。

这个时期，企业已经形成了相对稳定的规模和市场影响力，工作的重心是强化独占鳌头的寡头势力。当然，关键是要掌握好股权的控制权和稳定性，并保证公司战略方向的稳定。同时，公司机构相对庞杂、臃肿，容易滋生官僚主义，更会引发员工出工不出力的现象。这时，就要将下层的股权充分释放出来，调动各层级新老员工的积极性，提高团队的活力。

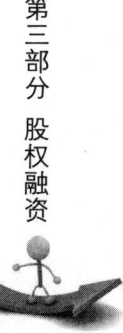